家庭投资笔记

刘东岳　著

FAMILY INVESTMENT
N O T E S

中国财经出版传媒集团
经济科学出版社
Economic Science Press

图书在版编目（CIP）数据

家庭投资笔记 / 刘东岳著 . —北京：经济科学
出版社，2021.8
　ISBN 978-7-5218-2758-3

　Ⅰ.①家…　Ⅱ.①刘…　Ⅲ.①家庭－金融投资－基本
知识　Ⅳ.①F830.59

中国版本图书馆 CIP 数据核字（2021）第 159784 号

责任编辑：杨　洋
责任校对：易　超
责任印制：王世伟

家庭投资笔记

刘东岳　著

经济科学出版社出版、发行　新华书店经销
社址：北京市海淀区阜成路甲 28 号　邮编：100142
总编部电话：010 – 88191217　发行部电话：010 – 88191522
网址：www. esp. com. cn
电子邮箱：esp@esp. com. cn
天猫网店：经济科学出版社旗舰店
网址：http: //jjkxcbs. tmall. com
北京季蜂印刷有限公司印装
710 × 1000　16 开　15.5 印张　180000 字
2022 年 1 月第 1 版　2022 年 1 月第 1 次印刷
ISBN 978 – 7 – 5218 – 2758 – 3　定价：68.00 元
（图书出现印装问题，本社负责调换。电话：010-88191510）
（版权所有　侵权必究　打击盗版　举报热线：010-88191661
QQ：2242791300　营销中心电话：010-88191537
电子邮箱：dbts@esp. com. cn）

前　言

　　这是一本工具书，目的在于帮助普通投资者迅速地理解和掌握基本投资知识，并且可以通过投资进行财富积累。我自己也会把这本书视为一种工具，不时地来回翻阅。

　　这本工具书采用的是循序渐进的方式，从最基本的投资理论开始，逐步深入。第一章是大类资产，所有投资的收益来源于三种行为：配置、择时、选股，其中大类资产配置是投资最基础、最重要的部分。第二章是投资工具，有两个非常重要的投资工具值得学习：交易所交易基金（ETF）和可转债，特别是如何用交易所交易基金（ETF）来做大类资产配置，对于普通投资者，能够用ETF进行大类资产配置，就已经非常优秀了。第三章是股市的各种"坑"，这一章节非常适合普通投资者阅读，只有了解股市里面的各种"坑"，才能够大概率地避开风险。并且该章着重论证一个观点：股市中的"坑"实在是太多了，而普通投资人（甚至是专业投资人）很难不掉到里面去，所以普通投资人不要参与股市博弈，沪深300ETF定投是最佳策略。第四章是价值投资，并且介绍除了价值投资以外的各种股票投资流派。第五章是企业估值，专业投资者可以直接从企业估值部分开始阅读，普通投资者反而没必要读这一章节，可以直接跳过。第六章是随笔，多是较为有趣的文章，值得闲来无趣时阅读。

贯穿本书的两个核心观点为：（1）不要轻易参与股市博弈，对于普通投资者，沪深300ETF是很好的选择。（2）企业经营不要多元化，多元化经常会变成多元恶化。

金融行业有个特点，就是"不说人话"；我会尽量在这本书中"只说人话"（企业估值部分除外），即便是没有任何金融背景的人，也能够轻松阅读。同时尽可能放了一些笑话在文章中，期望能够博君一笑。

一个职业炒股票的人却写了一本劝别人不要炒股票的书，确实很有趣。

感谢本书的编辑杨洋博士，我确实非常幸运，不但遇到了一位优秀的编辑，同时也交到了一位聊得来的朋友。

目　录

1

第五章　企业估值

第六章 随笔

第一章
大类资产

◇

一、通货膨胀猛如虎

论坛上一个年轻人分享自己父母的经历：20世纪80年代父母在浙江跑运输做生意赚了不少钱，在90年代就已经攒到了100多万元人民币，要知道那个时候万元户都已经是全村人的梦想，百万元存款那铁定是财务自由了，但是做生意太累了，而且孩子也无法带在身边，所以父母决定离开浙江，回到老家去享受退休生活。那个时候没有什么理财的理念，就是存银行。当年银行的利息差不多是6%，一百万，一年6万块，每个月5000块，在小镇上可以过着舒适的生活。但是到今天，老人已经接近70岁，没有持续的收入，银行的利息逐步走低，目前的生活已经不够宽裕，需要儿女的帮助。

我们生活在一个货币快速贬值的时代，这是美联储公布的不同时段的美元贬值速度。但是有一些生活阅历的人，绝对会感觉到这个数据很不正常，我们自己感觉货币贬值的幅度比这组数据高多了（见表1-1）。

表 1-1 美元通货膨胀速度 单位：%

项目	1972~2020 年	2000~2020 年	2010~2020 年
美元通货膨胀率	3.86	2.05	1.75

资料来源：美联储公布数据。

你的直觉是对的，美联储通过一系列的数据操作手段，刻意地把美元通货膨胀数据给压低了，事实上美元的贬值速度远高于美联储公布的数据，美联储为了配合美国政府，操纵通货膨胀数据的原因在于：

（1）给美国政府理由进行刺激经济的政策。政府的经济刺激政策必然引发通货膨胀，如果通货膨胀率已经较高了，刺激经济政策很难推行。

（2）让美国政府的债务和其他社保开支更快地缩水。假设美国政府欠某机构 1 万亿美元，并且公布的通货膨胀率为 2%，实际通货膨胀率为 10%，相当于美国政府每年净赚 800 亿美元。

（3）让美国政府收更多的税。假设个人所得税起征点是 3000 美元 / 月，一个美国人的工资是 3000 美元 / 月。实际通货膨胀率为 10%，但是美联储公布的通货膨胀率是 2%，那么这个人的工资变成 3300 美元 / 月，个税起征点变成 3060 美元 / 月，这个人开始缴税。

通货膨胀数据的操纵非常复杂，这里举一个简单的例子：假设纽约一套房子 2015 年价格 500 万美元，每年租金 5 万美元；2020 年房子价格 1500 万美元，租金 8 万美元。按照美联储的统计方法，仅统计房租涨幅，不统计房价涨幅。这 5 年的房价涨幅为 1500÷500-100%=200%，房租涨幅为 8÷5-100%=60%。美联储只会统计 60% 的房租涨幅，而不会去统计 200% 的房价涨幅。

想知道货币贬值的速度到底有多快，有一个简单粗暴的方法：看黄金价格涨幅（这里一定要强调，用黄金价格来衡量货币贬值速度，不等于建议投资黄金）（见表 1-2）。

表 1-2　　　　美元涨幅和美元通货膨胀比较　　　　单位：%

项目	1972~2020 年	2000~2020 年	2010~2020 年
黄金涨幅	8.0	10.2	3.0
美元通货膨胀率	3.9	2.0	1.8

资料来源：美联储官网。

这是美国研究机构 Katusa Research 2020 年 11 月统计的一张图（见图 1-1），当时全世界美元流通总量为 21.6 万亿美元，其中 4.5 万亿美元（21%）是在 2020 年印出来的。

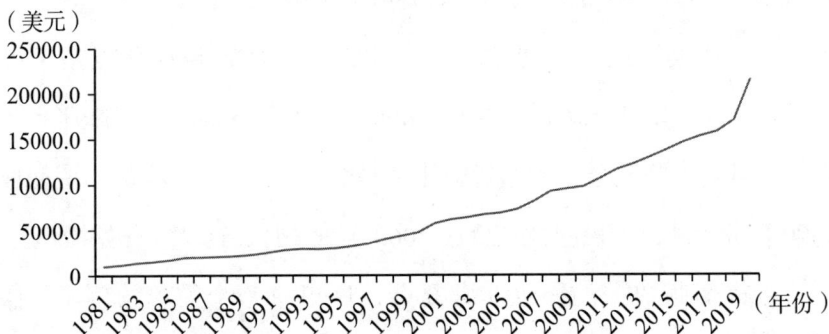

图1-1　美元流通总量

资料来源：彭博金融终端。

面对这个洪水滔天的时代，我们的应对方式就是多买股、多买房、多买实物资产（土地等）、少买债券、少持现金。

◇

二、买房自住，越早越好

作为一个资产管理专业人士，笔者平时被问到最多的一个问题就是：房价这么高了，是不是应该出手，还是要等房价跌下来再买？笔者每次都回答：买房的目的有两个：自住、投资。如果是投资，那么买房和买股票买债券等没区别，都是计算收益和风险。如果是自住，买得越早越好。

原因一：房产是大类资产中仅次于股票的高回报资产

大类资产一共分为五种：股票、债券、房产、现金和另类资产（黄金、农田等）。其中房产的长期回报率仅次于股票，是长期回报率第二高的大类资产。房产的回报可以拆解为两部分：租金收入、房价上涨。目前最权威的房价上涨数据是由美国诺贝尔经济学奖得主，耶鲁大学经济学教授罗伯特·席勒（Robert Shiller）教授统计的，1890~2019 年，美国的房产价格的回报率为 3.2%。房子的租金收入是 4%~5%，我们取中位数 4.5% 来计算，那么房子的总回报率为 7.7%，在 1890 年投资美国房产 1 美元，到 2019 年末会变成 14316 美元（不过同期美股的年化回报率为 9.8%，在 1890 年投资美股 1 美元，到 2019 年末会变成 172863 美元），[1] 所以说房产的长期

---

[1] 罗伯特·席勒教授自己在耶鲁大学网站中建立了一个公开的数据库，数据取自该数据库。

回报率很高，仅次于股票。并且房产市场的规模巨大，美国 2020 年住房市场总规模 33.6 万亿美元，股票市场总规模 36.3 万亿美元；中国 2020 年住房市场 600 万亿元，股票市场 76 万亿元。巨大的市场规模导致房产是最好的抵押品之一，可以获得低息的资金。并且我们目前处在一个通货膨胀的时代，房子是非常好的保值工具（见表 1-3）[处在洪水滔天的时代，多买股、多买房、多买实物资产（例如土地），少买债，少持现金]。

表 1-3 　　　　　　　美国长期股票和房产回报率

资产类别	年化收益率（%）	1890 年 1 美元投资（美元）
房产	7.7	14316
股票	9.8	172863

资料来源：耶鲁大学席勒数据官网。

原因二：屏蔽了房租上涨的风险

普林斯顿大学社会学教授马修·德斯蒙德（Matthew Desmond）曾经写过一本书：《扫地出门》（*Evicted*），该书获得了 2017 年普利策奖，书中讲述了一个道理：一个财务稳定的家庭，房租支出占家庭总收入的比例不要超过 30%。自住房是一个家庭慢慢向上发展的基石，如果不买自住房，那么就必须租房，目前房产的租约一般在 1~3 年，并且房租一般都是固定的，房东有权利在租约到期后修改租金。如果有了自住房，那么就屏蔽了房租上涨的风险。香港人把买自住房叫作"上车"，这个比喻非常形象，因为没有自住房，面对房租上涨束手无策，就会有被"甩下车"的风险。自主房产是一笔必须要支出的生活成本，既然必须要支出，那么支出得越早越好。

最后，买房的核心原则就是：大城市核心区。这是一个很有趣的现象：长期来看，大城市核心区的房价，长期涨幅最高，这是个全世界通用的普遍规律。至于背后的原因，众说纷纭，笔者的推测是：人类的财富分配存在着马太效应(有钱的越有钱,没钱的越没钱)，房产作为人类重要的消费商品和财富容器之一，也存在着马太效应，这导致大城市房价的长期涨幅远高于其他地区。

在投身股市赚钱之前，先解决自住房。

◇

三、大类资产之王——股权类资产

根据 2021 年的胡润研究院报告，中国家庭超过亿元人民币资产的"超高净值家庭"里面，企业家的比例占到 75%，炒房者占比 15%，职业股民占比 10%。除了 15% 的炒房者以外，其余 85% 的超高净值家庭都是靠股权类资产收益。

如果我们看一下全世界和全中国最富有的一批人，也会发现他们的财富来源也绝大部分是依靠股权类资产（企业股权）（见表 1-4）。

表 1-4　　　　　　　世界和中国前五大富豪

世界前五大富豪	企业	中国前五大富豪	企业
杰夫·贝佐斯	亚马逊	马云	阿里巴巴
比尔·盖茨	微软	马化腾	腾讯
伯纳德·阿尔诺	LVMH	钟睒睒	农夫山泉 / 万泰生物
沃伦·巴菲特	伯克希尔哈撒韦	孙飘扬家族	恒瑞医药 / 瀚森制药
拉里·艾里森	甲骨文	何享健家族	美的集团

资料来源：福布斯 2020。

法国著名的咨询公司——凯捷管理顾问公司发布的 2018 年全球高净值人群资产分布中，股权类资产也是占比最高的〔高净值人群的定义为除去自住房以外，投资资产超过 100 万美元（700 万元人民币）的人群]。从图 1-2 中看到，首先股权类资产占比最高，达到 31%，其次是现金类资产，27%。这里的现金，指的是现金或者现金等价物，也就是短期国债、货币基金或者银行理财之类的，而不是存在银行的现金，越是有钱的人，持有的现金比例就越少，这是个普遍规律。

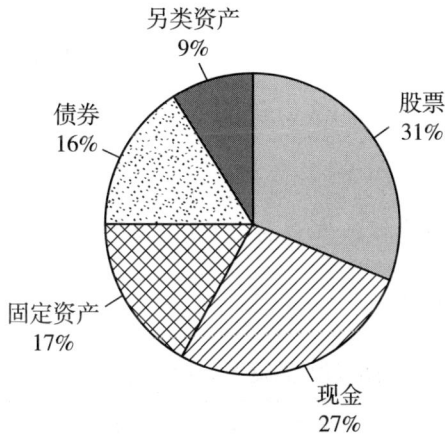

图1-2 高净值人群资产分布

资料来源：凯捷管理顾问公司。

在 2013 年股东信中，沃伦·巴菲特讲述他要这样安排留给太太的遗产："10% 投资于短期政府债券中，90% 投资于标普 500 指数基金中（股权类资产）"。[①]

股权类资产之所以最受有钱人青睐，原因就是：股权类资产是所有大类资产中，长期回报率最高的资产类别。

[①] Warren Buffett, Berkshire Hathaway Annual Letter, 2013.

表1-5是美国哥伦比亚商学院教授杰里米·西格尔（Jeremy Siegel）统计的5种大类资产长期回报率，这个表的统计时间非常长，从1802~2012年，所以极其具有权威性，投资行业的一个基本规律：时间越长的统计数据，越能说明问题。

根据西格尔教授的统计数据，股票的长期收益率最高，年化收益率8%，1802年投资于股票的1美元会在2012年变成1300万美元，债券的收益率其次，年化收益率5%，1802年投资于债券的1美元会在2012年变成3.3万美元，短期国债，年化收益率4.1%，1802年投资于短期国债的1美元会在2012年变成5200美元，黄金的收益率最低，年化收益率只有2.1%，1802年投资于黄金的1美元会在2012年变成83美元。

表1-5   **1802大类资产长期回报率**

资产类别	年化收益率（%）	1802年1美元投资（美元）
股票	8.0	13000000
债券	5.0	33000
短期国债	4.1	5200
黄金	2.1	83
美元	0	1

资料来源：[美]西格尔著，范霁瑶译：《股市长线法宝》，机械工业出版社2009年版。

诺贝尔经济学奖得主、耶鲁大学经济学教授罗伯特·席勒教授也统计过美股的长期回报率，虽然统计时间不如西格尔教授长，但是也是超过了 1 个世纪，所以非常具有代表性。1871~2020 年，美股年化回报率达到了 9.8%，1871 年投资美股 1 美元，到 2020 年底会变成 627040 美元（见表 1-6）。

表 1-6 **美股长期股票回报率**

资产类别	年化收益率（%）	1871 年 1 美元投资到 2020 年末（美元）
美股	9.8	627040

资料来源：耶鲁大学席勒数据官网。

饱受 A 股股民们诟病的 A 股股市，其实回报率非常高，我们用沪深 300 指数为例。一个有趣的知识点，A 股股民常看的上证指数，是存在着严重缺陷的：（1）上证指数只统计了上海股票交易所的股票，占有 A 股总市值 1/3 的深圳股票交易所股票完全没有被统计在内，例如五粮液、美的、格力、万科这样的长期大牛股，都没包含在上证指数之中。（2）上证指数在新股上市后第十一个交易日纳入指数，而 A 股新股上市后普遍会有较高的涨幅，上证指数相当于去"高位接盘"了。所以中证指数公司发布并且维护的沪深 300 指数，才能够更好地反映 A 股整体收益，类似于美国的标普 500 指数，都是把股市中最大的几百只股票打包计算，可以理解为"大盘指数"。

中证指数公司统计的沪深 300 指数从 2004 年 12 月 31 日开始，起始点 1000 点；到 2020 年 12 月 31 日，沪深 300 收盘价 5215 点，年化收益率达到了 11.6%；在 2005 年初投资 A 股 1 元钱，到了 2021 年初就变成了 5.22 元（见表 1-7）。

表 1-7   沪深 300 长期年化收益率

资产类别	年化收益率	2005 年 1 元投资到 2020 年末
A 股	11.6%	5.22 元

资料来源：中证指数公司官网。

A 股的长期收益率居然超出了美股，这其实很符合逻辑，一个国家的股市长期收益率反映的是这个国家的综合经济实力，中国近年来的国家经济增长速度高于美国，所以股市的整体回报率也高于美国。

股权类资产同时还具有抗通货膨胀的属性〔处在洪水滔天的时代，多买股、多买房、多买实物资产（例如土地），少买债，少持现金〕。股票（企业）抗通货膨胀的原因：（1）企业的资产，例如土地、楼房、厂房、设备、库存等都是实物资产，在货币贬值的过程中这些实物资产的价格会上涨。（2）企业可以给消费者加价，特别是具有护城河的企业。

买自住房是慢慢向上发展的基础，买股票才是积累财富的最佳途径。

◇

四、跟风买股前要搞清楚两个问题

作为一个资产管理从业者，笔者被问到最多的两个问题就是：要不要买房？给推荐几只股票？

面对第一个问题，笔者总是会反问：买房用来自住还是投资？如果是自住，买的越早越好。如果是投资，买房跟买股票没区别，认为划算就行。

面对第二个问题，笔者总是会反问其他两个问题：

（1）能够承受股票亏多少？

（2）投资期限有多长？

先说第一个问题，讲一个故事（纯属虚构）：

小明是一名基金经理，专业做股票投资，2020 年 2 月，小明认为微软这只股票被低估了，这个时候小明的朋友大强，请小明推荐股票，小明就顺手推荐了微软，大强于是买了微软。紧接着 3 月新冠肺炎疫情全球暴发，微软的股价在 1 个月的时间从 150 美元跌到了 120 美元。

站在小明的立场来看：新冠肺炎疫情带来隔离，隔离带来居家办公，微软占据全世界最大办公软件市场份额，微软收入和利润都应该增长，微软的价值更高了，股价更低了，所以更划算了，应该加仓。

站在大强的立场来看：自己刚买进去的微软，1个月就跌了20%，都是自己的血汗钱，而且现在新冠疫情全球肆虐，应该赶快止损。

于是大强不顾小明的劝阻，卖出了微软，并且对小明意见很大，觉得小明推荐了一只垃圾股票。

此后，正如小明所判断的，微软的财务季报出来后，收入和利润都上涨了，微软的股票从2020年3月底的120美元开始反弹，半年后就涨到了230美元。

但是最终的结果是大强遭受了亏损，并且怨恨小明。所以说，跟别人买股票之前，一定要想清楚自己能够承受的亏损，以及面对亏损是否敢于继续加仓。

再讲第二个问题，还是用前面的故事（纯属虚构）：

小明是一名基金经理，专业做股票估值，2020年2月，小明认为微软这只股票被低估了，这个时候小明的朋友大强让小明推荐股票，小明就顺手推荐了微软，大强买了微软。紧接着3月新冠肺炎疫情全球暴发，微软的股价在1个月的时间从150美元跌到了120美元。

站在小明的立场来看：新冠肺炎疫情带来隔离，隔离带来居家办公，微软占据全世界最大办公软件市场份额，微软收入和利润都应该增长，微软的价值更高了，股价更低了，所以更划算了，应该加仓。于是小明给大强说了原因，劝大强加仓，大强也同意小明的建议，但是大强的孩子要上学，大强急需钱买学区房，于是只好无奈割肉，此后，正如小明所判断的，微软的财务季报出来后，收入和利润都上涨了，微软的股票从 3 月底的 120 美元开始反弹，半年后就涨到了 230 美元，但是大强却承受的了亏损。

因此，跟别人买股票之前，一定要想清楚自己的资金使用期限，如果是短期内就需要使用的资金，一定不要买股票。

◇

五、3 年内用不到的钱，才能买股票

假设你面临一个选项：

选项 A：100% 的概率获得 30 元。

选项 B：80% 的概率获得 50 元，20% 的概率获得 0 元。

你会怎么选？其实简单的数学计算就可以得知选项 B 的数学期望值为 $50 \times 80\% = 40$ 元，高于选项 A，但是问题就在于选项 B 里面有 20% 的可能性一无所有，而选项 A 则是稳稳的幸福。

现在我们更改一下数字，选项 A 中的 30 元变成 300 元，选项 B 中的 50 元变成 500 元，你会怎么选？如果再加一个 0 呢？

其实我们不难发现，随着数字的不断变高，最终所有人都会选择选项 A（笔者会在 3 万元和 5 万元这一档从 B 换成 A；估计巴菲特会在 3 亿元和 5 亿元这一档从 B 换成 A）。

这就是马太效应（有钱人更有钱）存在的原因之一：
越有钱，越能够承受波动性，追求更高的数学期望值。

有钱人持有最多的资产就是股权类资产，但是持有股权类资产不是没有代价的。股权类资产是所有大类资产中，长期回报最高的，同时也是波动最大的。表1-8是著名的私募基金桥水资本统计的1998~2017年美国各种大类资产收益率和波动性的关系。

表1-8　　　美国各种大类资产收益率和波动性的关系　　　单位：%

资产类别	年化收益率	波动性
短期国债	4.7	1.8
高等级债券	6.3	3.9
低等级债券	8.3	9.0
蓝筹股	10.7	14.5
中小股	11.8	17.8

资料来源：Bridge Water Associates，The All Weather Story，2017.

图1-3是美国标普500指数的走势，美国标普500是把美国最大的500家上市公司打包到一起的一个指数，我们所熟知的美国公司如苹果、微软、通用等都在里面。这个指数是股票行业最权威、最成熟的指数。通过图1-3可以看出，标普500指数1997~2000年，翻倍；2000~2002年，腰斩；2002~2007年，翻倍；2007~2009年，腰斩；2009~2020年翻了3倍。这个指数是500只美国最大的股票打包到一起的指数，如果我们看个股，波动性会更大。

在读书的各位，可以随便打开一只蓝筹股，例如腾讯控股或者中国石油，然后看看这只蓝筹股过去52周的最高价和最低价，一般会有50%以上的差价。笔者在2021年3月16日，随便打开了两只蓝筹股，腾讯控股和中国平安，52周最高/52周最低分别为238%和150%（见图1-4）。

图1-3 标普500指数走势

资料来源：彭博金融终端。

腾讯控股(HK:00700) 港股通

HK$631.0 +3.0

最高: 643.5	今开: 639.0
最低: 625.0	昨收: 628.0
52周最高: 775.5	量比: 0.64
52周最低: 325.2	委比: 76.96%

中国平安(HK:02318) 港股通

HK$98.05 0.00

A股: 85.40 +0.29 +0.34% 溢价(H/A)

最高: 98.95	今开: 98.95
最低: 97.20	昨收: 98.05
52周最高: 103.60	量比: 0.50
52周最低: 69.00	委比: 26.70%

图1-4 腾讯控股和中国平安过去52周最高价和最低价

资料来源：雪球网。

　　股权类资产，收益高，波动性大，所以最好的投资方式，就是长期投资。因为投资时间越长，波动性就越不重要，股权类长期高收益特性就体现出来了，长期投资可以让股权类资产扬长避短，发挥威力。这是万德统计的，2005~2018年，任何一个时间进入A股，不同的持有时间，亏损的概率。如果投资期限只有1周，盈亏基本

55 开，平均收益率为 0；如果投资期限为 1 年，盈亏 64 开，平均收益率为 5%；如果投资期限为 5 年，盈亏比例为 6：1，平均收益率为 66%；如果投资期限为 10 年，必然盈利，并且平均收益率为 250%（见表 1-9）。

表 1-9　　　　　　　**2005~2018 年 A 股持有时间和亏损概率**　　　单位：%

时间	亏损概率	持有期收益率均值
1 周	44.2	0
1 个月	43.1	1
1 年	39.7	5
3 年	37.7	37
5 年	15.3	66
10 年	0	250

资料来源：王国斌：《中国企业未来的机会》，载于《经济与社会发展研究》2019 年第 6 期。

相同的现象也出现于美股，西格尔教授在《股市长线法宝》中统计了美国 1802~2012 年的回报率和回报概率，得出了类似的结论：持有的时间越短，股市的波动性越明显，基本跟赌博没区别；持有的时间越长，股市的长期高收益就体现出来了，波动性反而不重要了。因为波动主要体现在短期波动，既有可能向上，也有可能向下，持有的时间久了，向上和向下的波动基本互相抵消。长期来看，只要国家基本面不出问题，任何股市的特点都是伴随着波动逐步向上走的。

进入股市最忌讳期望着一夜暴富，事实上很多期望一夜暴富的人经常会把自己弄得一夜暴穷。

长期投资，是否有最短时限？我们可以参考投资大师们给出的期限：

美国传奇基金经理彼得·林奇提醒投资者在投资权益类资产之前首先要重新检查一下自己及家庭的财政预算情况。如果这笔打算投进股市或者权益类基金的钱，在两三年之内要拿出来用于孩子上学或者房屋装修之类，那么就不应该把这笔钱用来投资。

睿远基金："3 年内用到的钱，不要买股票。"[①]

明星基金经理朱少醒："如果你放在三年以上的时间维度，现金都应该投权益类资产，三年以下就比较难说了。如果放到 10 年以上，毫无疑问是权益类资产，其他资产跟权益类资产匹配，不是一个量级的。"

所以说，股票投资应该使用 3 年内用不到的钱，如果这笔钱 3 年内用得到，那么就不要投资股票。

---

① 《用不着急的钱做不着急的投资》，睿远基金官网，2021 年 3 月。

◇

六、1% 的交易时间，决定了 95% 的收益
（不要频繁交易）

著名的美国富达基金（Fidelity）对自己的客户数据做过一个分析，想看看哪些客户是投资表现最好的，结果发现是这三类人：

（1）客户死了，但是富达不知情。

（2）客户死了，潜在继承人们持续打官司争夺财产，导致账户长期被司法冻结。

（3）客户忘了自己有账户，长期一直没登录。

美国财富管理机构，白金汉战略财富（Buckingham Strategic Wealth）的研究总监拉里·史维哲（Larry Swedroe）在题为"长期回报发生在短期时间"（Long Term Returns，Short Time Periods）的论文中，提出了一个有趣的数据结论：8% 的交易月，贡献了 100% 的收益。

美国股市（标普 500 指数）1927~2018 年，年化收益率为 10.1%，这期间一共有 1104 个月（92 年），如果我们拿掉回报率最高的 92 个月，美国股市的收益率在其余 1012 个月，回报率为 0。[①]

明晟 EAFE 指数（这个指数追踪的是除美国和加拿大以外的发

———————

① Larry Swedroe. Long Term Returns, Short Time Periods. Beacon Hill Private Wealth, February 2019.

达国家股市走势，如英国、法国、德国等），1970~2018 年，年化收益率 9.1%，这期间一共有 588 个月（49 年），如果我们拿掉其中回报率最高的 49 个月，这些发达国家股市的收益率在其余 539 个月的回报率，为 0。

明晟发展中国家指数（如中国、俄罗斯、巴西等），1988~2018 年，年化收益率 10.4%，这期间一共有 372 个月（31 年），如果我们拿掉其中回报率最高的 31 个月，这些发展中国家股市的收益率在其余 341 个月的回报率，为 0。

笔者很好奇这个规律是否在中国股市也存在，于是从万得数据终端调出了沪深 300 指数从 2005 年 1 月 4 日到 2020 年 12 月 31 日的所有日回报，这期间一共有 3987 个交易日，总回报 530%。笔者先删去了回报率最高的 1% 的交易日（39 日），然后沪深 300 的回报率从 530% 变成了 60%，换句话说，89% 的回报没有了。然后笔者又删除了回报率最高的 8% 的交易日（312 日），沪深 300 的回报率变成了 0.02%，几乎归零了。

笔者觉得这个现象揭示了 3 个道理：

（1）投资股市非常需要耐心，一年大概有 250 个交易日，然而真正决定收益率的不到 3 个交易日。

（2）短期择时根本不靠谱，所谓的短期择时就是推测大盘或者个股短期内的走势。

（3）文章开头的富达基金的故事，为我们揭示了股票投资最重要的原则：长期投资。

◇

七、投资中的不可能三角

投资中存在着一个不可能三角，指的是无法找到一款高收益、高流动性、低风险的金融产品，例如每个月利息 2%（年化收益率大概 27%），本金随用随取，国家信用担保。这样的金融产品无异于天上掉馅饼。

我们必须在高收益、流动性和低风险之间互相交换。

余额宝、零钱通、货币基金、银行理财等金融产品，牺牲了高收益，换取低风险和流动性。这类产品一般对应的底层资产是短期国债，银行间拆解等低风险、高流动性资产，基金经理还会每日预留一定现金，以应对用户随时提现的需求，但是低收益。

1 年期以上理财产品、股票基金等，牺牲了流动性，换取低风险和高收益，特别是全市场指数股票基金（如沪深 300ETF），持有的时间越长，预期收益越高。持续的定投全市场股票指数基金，是普通投资者最佳的选择。但是购买定期理财，会被锁定至少 1 年；购买股票，也要用 3 年内用不到的钱投资，所以流动性很低。

互联网金融点对点借贷平台（P2P）牺牲了低风险，换取了高收益和流动性，在资金链尚未断裂之前，同时兼具高收益和流动性，拆了东墙补西墙，用后进入的投资者资金，给先进入的投资者资金极高的回报，并具有高流动性，从而吸引更多的资金进入，但是后进入的资金体量一定要大于先进入的资金体量，否则无法给先进入的资金高回报和随用随取，这显然是不可能持续的，后续资金一旦跟不上，马上资金链断裂，出现系统性坍塌。

在投资中，这三个属性的重要性排名依次为：低风险、流动性、高收益。然而很多人弄反了，经常把高收益排到第一位，所以才会有那么多P2P，那么多基民高位"站岗"。

风险最重要，对于投资来说，风险永远是第一个要考虑的。因为钱是赚不完的，但是可以亏完，保证本金的安全，是一切投资的前提。

流动性其次，投资的一切目的都是未来消费，如果没有安排好流动性，让投资影响消费，就本末倒置了。特别是急需用钱的时候，亏损卖出基金或股票，更是造成了永久性亏损，减少了本金。随时要用的钱，就只能投资高流动性的品种。3年用不到的钱，才能购买股票。

不可能三角的存在，也能够解释为何在财富分配中，存在着极强的马太效应（有钱的越有钱，没钱的越没钱）。因为有钱人可以通过牺牲流动性的方式来获得高收益，在复利的威力下，很快资本性收入就远超劳动性收入了。例如500万元本金，如果能够取得20%的收益率，1年就是100万元的资本性收入，资本收入没有税，这就远超了绝大部分人的每年税后工资。

复利的威力有多大，看看巴菲特的财富曲线就知道了（见图 1–5）。

图 1–5）。

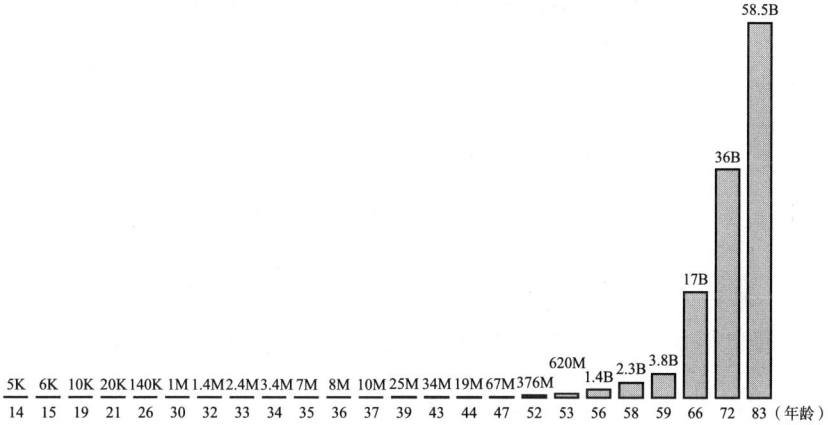

																620M				58.5B

5K 6K 10K 20K 140K 1M 1.4M 2.4M 3.4M 7M 8M 10M 25M 34M 19M 67M 376M 1.4B 2.3B 3.8B 17B 36B 58.5B
14 15 19 21 26 30 32 33 34 35 36 37 39 43 44 47 52 53 56 58 59 66 72 83 （年龄）

图1–5　巴菲特财富净值变化

注：K 代表 1000（一千）美元，M 代表 1000000（一百万）美元，B 代表 1000000000（十亿）美元。

资料来源：巴菲特伯克希尔哈撒韦历年年报。

◇

八、最垃圾的大类资产——债券和现金

大类资产一共有 5 种：股票、债券、房产、现金、另类资产。如果说给这几种大类资产排名的话，笔者认为应该是：股票高于房产，房产高于另类资产，另类资产高于债券，债券高于现金。

现金毫无疑问是最垃圾的大类资产，一个原因是现金不产生任何收益，另一个原因是我们处在一个"通货膨胀猛如虎"的时代。假设 1 个人税后年薪 5 万美元（这在美国已经高于平均工资了），银行存款 100 万美元，美国的银行现在几乎没有利息，美元每年贬值 7%，相当于这个人的资产每年缩水 7 万美元，资产缩水的体量高于他全年的工资。

债券也是很糟糕的大类资产，一方面是因为目前债券的利息实在太低了，欧洲 10 年期国债的利息几乎为 0；另一方面债券也不是抗通货膨胀资产。耶鲁大学捐赠基金首席投资官大卫·史文森（David Swensen）在《机构投资创新之路》里讲过债券的一个重大弊端：一家公司的债券持有人和股票持有人的利益是相冲突的，而一家公司的管理层一般是为股东服务的，所以导致债券持有人的位置非常糟糕。史文森在 1985 年开始管理耶鲁大学捐赠基金，在 1986 年就开始逐步减少债券现金的比例，根据耶鲁大学 2020 年 9

月 4 日公布的资产配置中，债券现金在 2021 年的目标配置比例仅为 7.5%，耶鲁大学捐赠基金 2020 年 6 月底总资产 312 亿美元，2021 年计划拿出 1.5 亿美元给耶鲁大学，相当于总资产的 4.8%，如果没有这 4.8% 的一年内支出，耶鲁大学捐赠基金的债券现金比例连 7.5% 都到不了。[①]

但是，即便现金债券都是很垃圾的大类资产，我们还是必须持有一些。在 2013 年股东信中，沃伦·巴菲特讲述他要这样安排留给太太的遗产："10% 投资于短期政府债券中，90% 投资于标普 500 指数基金中（股权类资产）"。

必须持有一些债券现金的原因有两个：

第一，债券现金可以在股票下跌的时候提供抄底弹药。股票这种大类资产最大的特点就是具有巨大的短期波动性，如果持有债券现金，就可以在股市下跌的时候卖出债券现金买股票，股市上涨的时候卖出股票买债券现金。这是 A 股从 2011~2020 年每年的涨跌幅，巨大的波动性给了很多次做再平衡的机会（见表 1-10）。

表 1-10　　　　　2011~2020 年沪深 300 指数涨跌幅度　　　　单位：%

年份	沪深 300 指数涨跌幅
2011	−25.0
2012	+7.6
2013	−7.6

① Yale Investments Office，2019 Press Release，September 2019.

续表

年份	沪深 300 指数涨跌幅
2014	+51.7
2015	+5.6
2016	−11.3
2017	+21.8
2018	−25.3
2019	+36.1
2020	+27.2

资料来源：雪球网。

第二，债券现金可以应付突如其来的消费支出，股票市场因为有巨大的波动性，所以投资股票，必须是 3 年内用不到的钱，这就要求我们一定要准备一笔应急资金，在需要的时候可以立即变现，债券现金可以满足这个需求。

所以说，债券现金既可以让我们高抛低吸股票，也可以用来应急，必须持有。另外，因为我们需要价格稳定，随时可以变现的债券现金，所以我们只要买短期国债即可。段永平 2006 年 7 月接受网易财经采访的时候讲过："找不到好标的物，就把钱买成短期国债，因为稳定，而且一旦发现好的投资标的可以马上拿出来。"[1] 我们在实际操作中，也可以买银行活期理财、货币基金等。建议只选择规模最大的华宝添益和银华日利。买入货币基金一定要注意：买入价

---

① 段永平：《对话段永平》，网易财经，2006 年 7 月。

格要低于货币基金净值。

债券现金的长期回报率最差，所以持有的越少越好，特别是年轻人，因为随着年龄的增长，收入也会相应增长，更应该趁着年轻的时候承担风险，少买债券现金。

◇

九、不产生现金流的另类资产——黄金

另类资产最大的特点就是：不产生现金流。例如黄金，持有黄金不会像持有股票或债券一样，获得现金流（上市公司会分红，债券会派息），持有黄金唯一赚钱的方法就是未来以更高的价格卖给别人。这不是说持有黄金不赚钱，事实上黄金作为一种硬通货，已经在人类社会存在几千年了，并且大国的中央银行都储存了黄金。但是有些另类资产，笔者强烈建议普通投资者不要碰，其中一个就是原油。一方面影响原油价格的因素太多了，另一方面市场上绝大部分原油产品实际上都是期货，所以还涉及期货交易规则，交割方式等很多专业知识，根本不是普通投资者可以搞定的。另类资产中有一样很有趣的资产，从名字上来看，属于债券，但是从功能上来看，它和黄金的特点很相似，都是能够抗通货膨胀，所以属于另类资产，这就是抗通货膨胀债券。在投资工具中还会讲到抗通货膨胀债券，但是抗通货膨胀债券的抗通货膨胀能力也完全比不上黄金。

曾经有幸和一位黄金行业的资深专家交流，该专家简要讲解了黄金行业的供需状况：全世界黄金产量大约 2500 吨每年，比较平稳，黄金的开采成本比较固定，基本在 1200 美元／盎司左右。所以黄金价格如果低于 1200 美元 / 盎司，那么就会有矿山倒闭，影响黄金的供给，推高黄金的价格。

黄金不像铜之类的金属（电线、电缆和电子元件都需要用铜），黄金对于人类生产没有什么实际作用。黄金的工业需求只占总需求的 10%，装饰需求占总需求的 75%。目前全世界对黄金的主要需求还是来自收藏和装饰，但是不带黄金首饰，也不会对人类的生活产生实际影响。

黄金最大的作用在于，是人类最原始的货币，并且黄金的产量有限，无法凭空变出来，自从美国 1971 年 8 月 15 日宣布黄金和美元脱钩之后（从此以后"美金"变成"美元"），各国的货币就失去了印钞限制，过分印钞票会导致通货膨胀，而黄金最大的作用就是抗通货膨胀。我们比较不同时间段的黄金通货膨胀和美元通货膨胀，会发现黄金的涨幅总是高于同期美元的通货膨胀，所以黄金是非常好的抗通货膨胀资产（见表 1–11）。

表 1–11　　　　黄金涨幅和美元通货膨胀比较　　　　单位：%

1972~2020 年		2000~2020 年		2010~2020 年	
黄金涨幅	美元通货膨胀	黄金涨幅	美元通货膨胀	黄金涨幅	美元通货膨胀
8.01	3.86	10.17	2.05	3.00	1.75

资料来源：美联储官网。

千万不要小瞧这一点差距，即便是几个百分点的差距，在复利的威力下，几十年后，也会成为巨大的财富差距。如果在美元和黄金脱钩后的 1972 年初开始，持有 1 万美元，到了 2021 年初，还是

1万美元；而如果从1972年初开始，持有价值1万美元的黄金，到了2021年初，这些黄金价值43.4万美元。财富体量的差距达到了43倍!

但是著名的投资人沃伦·巴菲特却是著名的持有黄金反对者，巴菲特曾经采用走极端的方式来解释为何持有黄金不如持有股票。但是鉴于当时的情况和现在已经有点不同了，所以我采用巴菲特的解释方法来重新解释一下。目前全世界被开采出来的黄金总量为197576吨。[①]假设我们把世界上所有的黄金聚集到一起，会是一个边长大于100米的巨大正方体，这个正方体目前大概值10万亿美元（2020年3月26日金价）。[②]

10万亿美元，同时是世界上最大的几十家企业市值总和，这些公司包括苹果、微软、亚马逊、谷歌、腾讯、阿里巴巴、特斯拉、茅台、宝洁、丰田等所有耳熟能详的公司，这些公司给股东一年创造的利润，超过了世界首富的总资产。

现在我们思考，如果有一个选择，我们会选择拥有一个超大的黄金锭，还是希望拥有这个世界上最大的几十家公司？

---

① How Much Gold Has Been Mined?. World Gold Council. 2020.
② 价格来源：Gold Spot Price，World Gold Council.。

◇

十、资产配置指南

如果家庭收入大于家庭支出，那么现金类资产留的越少越好，买好保险，几乎不要留现金。

如果家庭收入小于家庭支出，按照差额的倍数来留 3 年的现金。例如每年家庭收入 10 万元，家庭支出 20 万元，每年差额 10 万元，就留出来 30 万元的现金。

对于工作稳定性没有把握或保险没买足等特殊情况，都要留出现金以备不时之需。

现金只买大银行的存款或者理财，规模大的货币基金或短期国债。

对于职业生涯还很长的年轻人来讲，尽量使用最大的贷款额购买自住房，贷款期限越长越好。

其余的钱从定投交易型开放式指数基金（ETF）开始投资，既可以选择全世界股票指数 ETF，选择贝莱德（Blackrock）、先锋集团（Vanguard）、道富公司（StateStreet）发行的 ETF；也可以选择定投沪深 300 指数 ETF，选择华泰柏瑞、嘉实、华夏等基金公司发行的沪深 300 指数 ETF。

根据个人的分析能力，开始构建证券组合，从股票 ETF 里面拿出来 5%~10% 的资金开始试水，如果发现跑不赢指数，就把资金放回到指数基金中。

证券组合要遵循四不原则：不融资、不做空、不满仓、不空仓。

刚开始的时候，一定要分散，随着经验和收益率逐步提高，可以看情况集中投资。注意要分散个股，不要在乎行业分散。康得新和恒瑞医药都属于医疗健康行业，但是个股基本面却有天壤之别。

整体而言，中国家庭的房产占比过高，风险集中度过高，而且房产流动性较低，金融资产配置比例较低，并且金融类资产中现金和债券（银行存款）占比太高。

所以中国家庭应该适当减少房产占比，提高金融资产占比，特别是股权类金融资产，也就是股票。

第二章
投资工具

◇

一、投资工具之王——交易所交易基金（ETF）

　　1947 年，喜爱数学的约翰·博格（John Bogle）考入了普林斯顿大学，在大学期间，博格通过数据分析发现了一个有趣的现象：大部分基金跑不赢大盘。背后的逻辑并不复杂：所有的基金在收取费用之前，肯定是一半跑赢大盘，一半跑输大盘，并且所有的基金都要收取管理费和表现费，所以大部分基金跑不赢大盘。在此后的职业生涯里，博格逐渐想到了一个主意：设计一款基金，按照大盘指数，持有美国最大的 500 只股票，同时把这款基金零售给普通投资人，收取极其低廉的费用。在 1975 年 12 月 31 日，世界上第一只指数基金诞生了，后来这只指数基金成为了享誉盛名的先锋集团标普500ETF，截至 2020 年 10 月 31 日，这只 ETF 的规模为 5570 亿美元，是世界上最大的 ETF 之一。巴菲特曾经评价博格是"美国投资人的英雄，也是我的英雄"。

　　ETF 全称为交易所交易型基金（exchange traded funds），这个名字听起来挺拗口的，笔者觉得中国港澳地区的翻译更贴切一些：交易所买卖基金，就是像股票一样交易的基金。

　　笔者称 ETF 为投资工具之王，有两个原因。

1. 万物皆可 ETF

大类资产一共分为 5 种：股票、债券、固定资产、现金、另类资产。这 5 种大类资产都可以用 ETF 作为工具进行投资，不仅如此，针对大类资产的细分类别也可以用 ETF 进行投资。例如股票，针对不同地区、不同行业等，都有对应的 ETF。例如中国互联网 ETF，主要持仓就是腾讯、阿里、拼多多、美团等中国的互联网龙头企业。债券 ETF 有对应国家、到期时长、信用等级等多种 ETF，例如美国短期国债 ETF，持有的全部是美国 1~3 年内到期的国债。固定资产也可以用 ETF 投资，例如美国地产信托 ETF，主要持仓是美国铁塔等美国最大的地产信托。黄金也有 ETF，投资人可以通过持有 ETF 来享受黄金价格的上涨。甚至连比特币都有 ETF，可以让投资人通过持有 ETF 的方式来参与比特币投资中，投资人只要在交易所直接购买持有 ETF，就可以享受比特币价格上涨带来的收益，极其方便。请参考图 2-1 万物皆可 ETF。

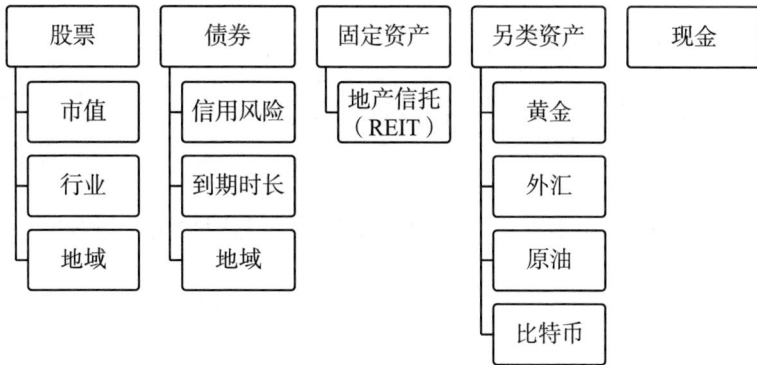

图2-1　万物皆可ETF

2. ETF 是规模最大的基金类别，并且收费低廉，广受投资者热爱

ETF 作为一种基金，总规模从 2009 年初的 3.7 万亿美元，至 2020 年 11 月，已经增长到了 7 万亿美元，[①] 是全世界规模最大的基金类别。

世界最大的两个资产管理公司分别是贝莱德（管理着 6.8 万亿美元）和先锋集团（6.2 万亿美元），而这两个公司的主打产品都是 ETF。ETF 不仅规模巨大，而且费用低廉，以刚才提到的规模达到 5570 亿美元的先锋标普 500ETF 为例，每年总费用率仅为 0.03%，也就是不到 1.7 亿美元，而一个同等规模、同等回报的对冲基金，每年的费用是 267 亿美元。[②]

经常有人向巴菲特请教如何投资，巴菲特都建议：每个月拿出工资的一部分，买入标普 500 指数 ETF（标普 500 指数 ETF 持有的是美国最大的 500 只股票，相当于买了美国股市的大盘）。作为博格的粉丝，巴菲特经常公开批评对冲基金行业，甚至在 2007 年，巴菲特公开叫板对冲基金行业，提出 100 万美元的赌注，赌对冲基金经理选出的 5 只基金在未来十年内跑不赢先锋标普 500ETF。[③] 一开始对冲基金行业无人应战，而后出现了一个基金经理泰德·西德斯。泰德·西德斯选了 5 只对冲基金，做成一个组合，和先锋标普 500ETF 比赛。10 年后，先锋标普 500ETF 总回报为 125.8%，而泰

---

① 资料来源于《金融时报》。

② 资料来源于贝莱德官网、先锋集团官网。

③ Warren Buffet. HBO. March 2017.

德·西德斯选的 5 只对冲基金总回报才 36.3%。值得一提的是：赌约尚未结束，泰德·西德斯就已经离开了对冲击基金行业，并且他曾就职的对冲基金也倒闭了（见表 2-1）。

表 2-1　　巴菲特和基金经理的赌注结果——巴菲特获胜　　单位：%

年份	FOF A	FOF B	FOF C	FOF D	FOF E	标普 500 指数基金
2008	-16.50	-22.30	-21.30	-29.30	-30.10	-37.00
2009	11.30	14.50	21.40	16.50	16.80	26.60
2010	5.90	6.80	13.30	4.90	11.90	15.10
2011	-6.30	-1.30	5.90	-6.30	-2.80	2.10
2012	3.40	9.60	5.70	6.20	9.10	16.00
2013	10.50	15.20	8.80	14.20	14.40	32.30
2014	4.70	4.00	18.90	0.70	-2.10	13.60
2015	1.60	2.50	5.40	1.40	-5.00	1.40
2016	-3.20	1.90	-1.70	2.50	4.40	11.90
2017	12.20	10.60	15.60	N/A	18.00	21.80
最终收益	21.70	42.30	87.70	2.80	27.00	125.80
平均年化收益	2.00	3.60	6.50	0.30	2.40	8.50

资料来源：Warrent Buffett Berkshire Hathaway Annual Letter，2017.

◇

二、赌赢了挣钱，赌输了不赔钱——可转债

掷一个硬币，正面赢钱，背面不亏损，这就是可转债。

可转债指的是上市公司发出的一种按照约定价格转为普通股票的债券。这种证券同时兼有股票的属性和债券的属性。可转债最大的特点就是：上有收益，下有保底。

打个比方来解释可转债为何是一个优秀的证券投资工具：你走进一家赌场赌博，庄家希望你赢，并且庄家会通过修改规则的方式尽量让你赢，因为你赢了庄家才有好处，你输了庄家得不到好处。

可转债在尚未转股的时候，是公司的负债，转股之后，就相当于公司进行了一次股票增发，负债就没有了，所以公司有动力促成可转债变成股票。

当可转债转股价在股票价格之上的时候，可转债的持有人是不愿意转股的（例如，转股价 10 元 / 股，股票现价 5 元 / 股，可转债持有人转 1 股亏损 5 元，不如直接从市场购买股票。）

可转债转股价在股票价格之下的时候，可转债持有人才愿意转股（例如，转股价 5 元 / 股，股票现价 10 元 / 股，可转债持有人可以 5 元转股，10 元卖出，盈利 5 元）。

达成"转股价低于股票价格"这个条件有两种途径：第一，股票价格上涨，这是公司管理层无法决定的。第二，下调转股价，这个是公司管理层可以决定的。管理层可以通过下调转股价的方式，让转股价低于股票价格，从而促成可转债转为普通股票。

当初笔者在建信期货资管部的时候，投研负责人讲过一句话，让笔者受益匪浅：一定要挣自己看得懂的钱。想要赚钱的第一步，就是找到利润的来源。可转债作为中国证券市场最佳投资品种，聪明的投资者用可转债长年累月的赚钱，这些钱是从哪里赚来的呢？

刚才已经讲过，公司发行可转债后，公司有意愿让可转债转化为股票，并且为此愿意不停地下调可转债的转股价，相当于用更低的价格向可转债投资人出售自己公司的股票，这种做法，稀释了上市公司原有股东的股权，这就是利润的来源。

（1）债券利息：可转债最大的特点就是下有保底，上不封顶。债券利息就是下有保底的原因。债券利息指的是如果可转债没有转股，纯作为一张债券，到期后支付给持有人的利息。既然是债券，就存在违约风险。在中国发行可转债的门槛非常高，导致能够发可转债的公司质量过硬，中国可转债市场尚未发生一起违约。当然，过去不违约不代表未来不会违约，所以在购买可转债之前还要分析一下上市公司的偿债能力，不过像中国银行、中国石油或中国核电这样的公司就不用了。可转债历史上著名的中行转债，债券利息达到 6% 以上，也就是说即便不考虑任何转股价值，单纯作为一张债券，中行转债也能够提供 6% 的年化回报率，后来中行转债的价格从 90 元最高涨到了 190 元。

（2）企业偿债能力：可转债相当于企业的负债，在买入可转债的时候要分析企业的偿债能力，如果认为企业无法偿还债务，就要避开。

（3）130：可转债投资中，这个数字极其重要！相当于斗地主的大小王，DOTA 的 3800，德扑的 AA。这个数字就是可转债的止盈点。上市公司发行可转债的目的是促成股票增发，从而不用还钱；为了防止投资者不肯转股，绝大部分可转债都有强赎条款。"当正股价超过转股价 30% 一定期限，公司有权按券面价值（100 元）加上当期利息进行赎回。"正股价高于转股价 30%，按转股溢价率为 0 为前提，此时转债价格就是 130 元。所以通常设强制赎回价为 130 元。如果股价冲的太猛，可转债价格会超过 130 元，这种情况虽然经常出现，但是博傻游戏尽量不要参与，130 元是一个很合理的止盈点。

（4）低价格：130 元是可转债的合理止盈点，所以价格买得越低，潜在收益就越高，并且价格低的可转债，债券利息也较高。

（5）溢价率：可转债兼具股票和债券的双重属性，而决定可转债到底是股票还是债券的，就是溢价率。溢价率越低，股票属性越强，溢价率越高，债券属性越强。在债券利息一样的情况下，溢价率越低越好。

（6）剩余时间短：可转债剩余的时间越短，管理层就越有动力下调转股价来促成转股，不然的话就得还钱，但是如果太短也不好，因为有可能来不及转股就到期了，一般而言，以 6 个月为最短期限，剩余时间越短越好。

（7）曾经下调过转股价：一只可转债如果曾经下调过转股价，说明管理层不想还钱意图很明显，并且已经做过一次了，轻车熟路，再次下调转股价促成转股的概率更高。

（8）曾经发行过转债并且成功转股：和上一条的理由一样，0~1 是最困难的，1~N 越来越简单。

（9）净资产与转股价差价：可转债一个重要的利润来源就是上市公司下调转股价，绝大部分可转债下调的转股价不得低于净资产，所以买可转债要注意转股价与净资产之间的差价，差价越大越好。

（10）可交换债和可转债的区别：可转债发生转股的时候，上市公司新发了一批股票给可转债持有人；可交换债发生转股的时候，上市公司大股东把自己的股票卖给可交换债持有人。刚才我们讲过，可转债利润的来源是原股东股权被稀释，可交换债并不稀释原股东的股权，所以就失去了利润的来源。可转债名字后面是"转债"，例如光大转债，就是光大银行发行的可转债。可交换债名字后面是"EB"，例如中油 EB，就是中国石油发行的可交换债。买可转债的时候要注意别买成可交换债。

（11）可转债打新：不同于股票打新，可转债打新不需要持有任何股票，一个没钱的股票账户依旧可以打新，只要打中之后缴纳资金就行了（1 手 1000 元，一般情况下满额申购也中签不到 1 手，不过也有特例，2019 年最高中签率的尚荣转债，满额申购中签 5.2 手）。

根据雪球用户猎人投资笔记的统计，2019 年从年初到 8 月 20 日，坚持打新的话，每个账户净利润 3232.61 元，2019 年是个牛市，所以这个数字高于平均值，正常来讲打新债一年下来一个账户 3000 元的预期收益算是合理的。

◇

三、一文看懂专户、私募基金和公募基金

资产管理，属于服务性行业，有两个参与方（见图2-2）：

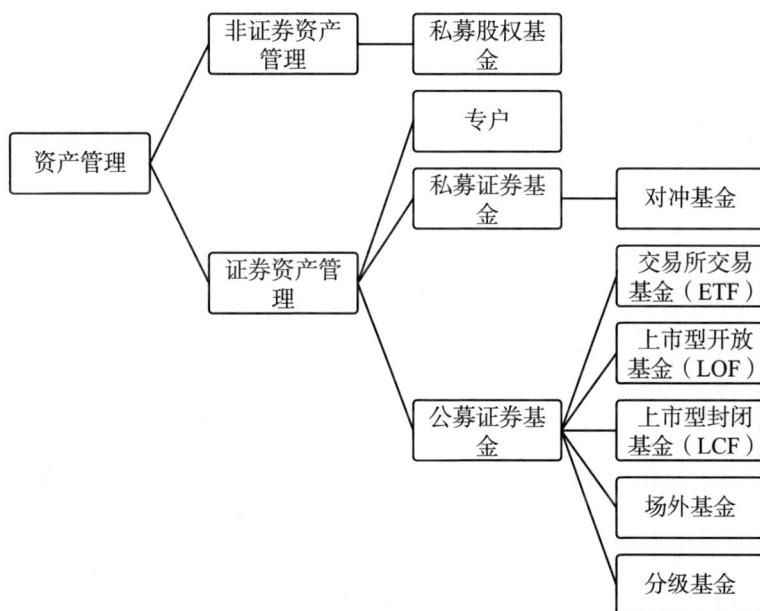

图2-2 资产管理业务分类

资金方（投资者、投资机构、甲方），比较有名的投资方有主权基金（新加坡政府投资公司）、大学捐赠基金（耶鲁大学捐赠基金）、养老基金（加拿大养老基金投资公司）等。

服务方（基金公司、基金经理、投资顾问、乙方），比较著名的基金公司有公募基金公司（贝莱德、先锋集团、易方达、华夏基金等），私募基金公司（黑石、华平资本、高瓴资本、红杉资本等）。

甲方委托给乙方管理的资产，根据投资方向，又可以分为非证券类资产和证券类资产。

非证券类资产管理，投资的不是证券类产品，如股权投资。例如，2017年10月，美团进行上市前最后一轮融资，投前估值260亿美元，融资40亿美元，投后估值300亿美元，这个时候投资美团就属于股权投资。2018年9月20日美团上市，这之后美团成为了上市公司，再去购买美团的股票，就属于证券投资。

非证券投资不是讨论重点，一笔带过。证券投资指的是投资于交易所的证券，大型的交易所如美国的纽约交易所、纳斯达克交易所；中国的上海证券交易所、深圳证券交易所、香港的香港交易所。

证券投资管理服务，又可以分为三类：专户、私募基金、公募基金。

专户和基金最大的区别就在于：专户的客户只有一个。专户是钱放到投资人的名下，基金经理负责操作账户。

私募基金和公募基金都属于基金，基金的学名叫作：集合资产管理计划。顾名思义，就是众多资金方一起把钱放到托管银行，由基金公司管理。托管银行必须得是商业银行（如工商银行、建设银行等），投资人的钱从法律意义上来讲，托付给了银行，基金公司只能执行交易，这样可以防止基金公司卷钱跑路。顺便讲一下，是否有托管银行，是分辨"野鸡"私募、庞氏骗局P2P的一个重要手段，"野鸡"私募和庞氏骗局P2P是肯定没有托管银行的。

私募基金和公募基金最大的区别在于：可否向公众募资。私募基金不可以，公募基金可以。私募基金中最著名的一种是对冲基金，想了解对冲基金，请参见：帮有钱人解决钱多的烦恼——对冲基金。

专户和私募基金的一般客户都是财力较为雄厚，并且投资知识比较广泛的投资人。而公募基金的客户是大众，并且投资门槛较低，公众能够通过银行、支付宝等渠道买到的基金，门槛经常在千元左右。所以公募基金的监管力度、透明度都比较高，并且公募基金的产品线更加丰富（其实私募基金的产品也很丰富，但是因为不需要披露，所以不像公募一样容易被了解），所以各种类型的公募基金，值得专门聊聊（见表2-2）。

表 2-2　　　　　专户、 私募基金、 公募基金的区别

类别	专户	私募基金	公募基金
单一投资人	必须是	可以是	必须不是
向公众募集	不可以	不可以	可以

◇

四、一文看懂主流公募基金

1. 交易所交易基金

请参见：投资工具之王——交易所交易基金（ETF）。

2. 上市型开放基金

上市型开放基金（listed open-ended fund，LOF）即上市型开放式基金。这种基金是中国金融市场的一种创新型基金。和交易所交易基金一样，上市型开放基金既可以场内交易，也可以场外交易。场内交易指的是交易所内交易，任何人可以像买卖股票一样去买卖上市型开放基金；场外交易指的是投资人和基金公司交易，基金公司会在每天收盘后给出一个净值，净值就是这只上市型开放基金的公允价值，投资人可以按照这个公允价值去和基金公司买入（申购）或者卖出（赎回）基金份额。举个例子:某基金持有股票 A，1 亿股，A 的当日收盘价为 10 元；持有股票 B，2 亿股，B 的当日收盘价为 20 元，该基金的总资产为 $1 \times 10 + 2 \times 20 = 50$（亿元），该基金有 40 亿份，那么每个基金份额的净值就是 $50 \div 40 = 1.25$（元）。投资者既可以用 1.25 元的价格向基金公司买入份额，这个行为又被称为申购；也可以用 1.25 元的价格把自己的基金份额卖给基金公司，这个行为被称为赎回。

上市型开放基金是用现金申购赎回的，并且每次申购赎回的金额门槛都不高，一般为100~2000元，即便普通投资人也可以参与，相反，交易所交易基金（ETF）的申购或者赎回都需要使用相应的股票（一般是几百只股票组合），并且每次申购或者赎回的金额通常是百万元起，所以普通投资人很难参与。

任何一种商品，在不同的市场交易，就有可能产生不同的价格，这就提供了套利机会。举个例子：刚才提到的基金，收盘后基金公司公布的净值为1.25元，但是在交易所交易的价格为1元，投资者可以从交易所按照1元的价格买入，然后找基金公司按照1.25元的价格卖出，完成套利。

3. 上市型封闭基金

上市型封闭式基金（listed closed-end funds，LCF），简称为封闭基金。上市型封闭基金和上市型开放基金最大的区别在于：上市型封闭基金不能进行申购赎回，只能在交易所交易。上文讲过，当基金的净值和价格出现偏差的时候，就出现了套利机会，而套利又会抹平基金的净值和价格之前的偏差，封闭基金不能进行申购赎回，这就导致无法套利，所以封闭基金长期出现净值和价格偏差，是很常见的情况。

上市型封闭基金除了不能够申购赎回以外，其他地方都和上市型开放基金一样，这就非常有趣了，上市型开放基金除了具备上市型封闭基金的全部功能，而且还多了一个功能，为何上市型封闭基金还能存在呢？

曾经某位明星基金经理讲了个段子：管理基金一直兢兢业业，基金净值 8 年翻了 5 倍，这个收益率在业内绝对算是优秀的。但是买基金的基民们，大部分都没赚到什么钱，有人一跌就卖，有人一涨就买，平均持有时间不到半年，真正在这只基金上赚到 5 倍收益的人，只有 0.6%。

上市型封闭基金最大的特点就是把投资人的钱直接锁定在基金中，让基民们被动的在基金里面待上几年，"被迫"做长期投资。

上市型封闭基金都是有封闭期的，一旦封闭期到了，上市型封闭基金就会自动变成上市型开放基金，虽然不能像上市型开放基金那样一直做场内场外申购赎回套利，但是却也有一次性套利机会，就是当上市型封闭基金转变为上市型开放基金的时候。在封闭期内，上市型封闭基金的净值（申购赎回价格）和价格（交易所交易的价格）会出现偏差，但是一旦转变为上市型开放基金，净值和价格的差价就一定会消失（因为可以套利），所以在上市型封闭基金快要变成上市型开放基金的时候，买入基金，可以直接套利。具体计算方法为：

（净值 / 价格）– 各种费用（管理费、托管费等）＝套利利润（折价率）

套利利润 / 时间 ＝年化收益

4. 分级母基金

上市型开放基金已经算是中国金融市场创新的一个产品了，而分级基金套利则可谓是中国金融市场创新的典范。鉴于分级基金已经从中国市场消失了，这里就不展开讲了，这里以讲故事的方式大致介绍一下。

一个母亲有两个孩子，A 和 B，母亲拿着 A 和 B 的钱在市场上投资股票，A 和 B 都不满意：A 觉得股市风险太高，只想要固定的利息；B 觉得股市很赚钱，想要加杠杆买股票。于是母亲决定，钱还是像以前一样投资股市，但是 A 会获得固定收益（每年 6%~8%），并且每半年派息一次。除了 A 获得的利息，其他收益（或者损失）都是 B 的，这样 A 和 B 都满意。A 和 B 开始的比例为 1∶1，如果股市涨得太好了，A 和 B 的比例变成 1∶2，就要让 B 拿出一半资金，把 A 和 B 的比例重新变成 1∶1；如果股市跌了，导致 A 和 B 的比例变成 1∶0.2 或 1∶0.25，就要让 A 拿出 80% 或 75% 的资金，把 A 和 B 的比例重新变成 1∶1。

分级基金复杂的设计导致套利机会最多：

拆分套利：当 A+B> 母基金的时候，向基金公司申购母基金，然后拆分成为 A 和 B，在市场上卖出。

合并套利：当 A+B< 母基金的时候，在市场上买入 A 和 B，合并成为母基金，向基金公司赎回。

重置套利：当 A 快要派息的时候；A 和 B 要重置的时候；如果 A 的价格低于重置净值或 B 的价格低于重置净值，直接在市场上买入 A 或者 B，等待重置发生，获利了结。

◇

五、帮助有钱人解决钱多的烦恼——对冲基金

一部金融史，半部骗子史。金融行业是一个充满了骗子和骗局的行业，而这些骗局主要都是针对低收入人群设计的，原因就是：收入越低越缺乏认知，越缺乏认知越容易骗。但是有一种投资工具，却特立独行，这就是对冲基金。

对冲基金的特点：

（1）向高净值客户或机构募资：公募基金和私募基金最大的区别就是公募基金可以向公众募资，私募基金不行，而作为私募基金中的"战斗机"——对冲基金，专门向高净值客户或机构募资，完全不理散户。

（2）最低投资额较高：相比于向大众募集的公募基金，对冲基金的最低投资额较高，美国的对冲基金普遍最低投资额在100万美元之上。

（3）2%的管理费和20%的业绩提成：有人曾经开玩笑说这才是对冲基金最大的特点。对冲基金理论上是由高端人才管理的，所以高端人才普遍会要求比较高的收费。这种收费方式被很多投资大师们批评，认为对冲基金最大的受益方是高端人才而不是投资人。

（4）投资工具范围广：对冲基金投资范围最广泛，特别是涉及复杂的金融衍生品，高度不透明；对冲基金使用杠杆也可以无限制地自由使用杠杆，高杠杆的存在，既有可能让对冲基金的业绩非常好看，也有可能让对冲基金瞬间崩盘。美国历史上著名的对冲基金：长期资本管理公司，就是一个极好的例子，在爆仓之前，业绩非常漂亮，连续数年跑赢美股道琼斯指数和美国国债指数，爆仓之后，灰飞烟灭（见图2-3）。

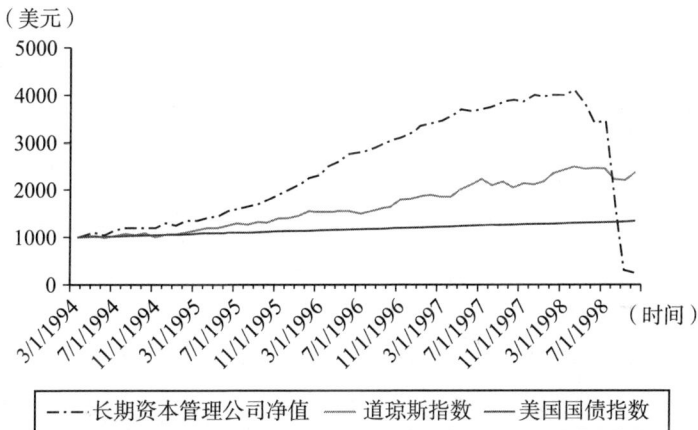

图2-3　长期资本管理公司净值走势

资料来源：Andre Perold，Long Term Capital Management，Harvard Business School Publishing，1999.

对冲基金出现在 20 世纪 70 年代，当时对冲基金的主要策略为同时做多和做空股票，对冲基金经理们认为这样可以避免系统性风险，事实证明，是不可以的，1973~1974 年的股灾让很多对冲基金损失惨重，面临清盘。20 世纪 90 年代，随着股市的上涨，对冲基金又一次回归，并且发展出了更多的策略和投资工具，但是对冲基金的核心策略还是杠杆，正是因为用了杠杆，才容易在 90 年代美股牛市中脱颖而出。当然，大量使用杠杆的对冲基金在 2008 年又一次折戟沉沙，面临清盘。随着美股从 2009 年走出的十几年大牛市，对冲基金又一次获得了关注，管理规模节节攀升。

事实上，大量的数据得出的结论是：对冲基金根本跑不赢指数。西班牙 IESE 商学院教授哈维尔·易斯达（Javier Estrada）统计了截至 2020 年底的对冲基金业绩回报，无论是以过去 10 年、15 年、还是 20 年为周期来计算，对冲基金的回报都低于标普 500 指数基金。

这还不算对冲基金极高的费率，标普 500 指数基金的费用普遍低于千分之一，而对冲基金则是按照 2%/20% 来收费。假设一个 1 亿美元的基金，年回报率 10%。指数基金的费用为 10 万美元，对冲基金的费用为 360 万美元。

对冲基金的透明度低、风险高、回报差、费用极贵，而且这种基金还专门卖给有钱人，所以说很好地解决了有钱人钱多的烦恼。

◇

六、基金收费方式

基金经理为投资人提供资管服务，要收取服务费，最常见的服务费收取方式为管理费和表现费（两种费用同时收取）：

（1）管理费：按照管理总金额的比例来收取，一般为总金额的0~2%。

（2）表现费：按照基金经理为投资人赚的净利润比例来收取，一般为投资人净利润的5%~25%。

表现费的收取，一般采用"高水位提成法"，也就是说，基金净值如果没有在上一次提取表现费之后创出新高，那么就不能够收取表现费。举个例子，某私募证券投资基金的初始规模是1000万元，业绩报酬的计提比例是20%，产品的初始净值是1，当产品的净值达到1.2时，净利润200万元，表现费为200万元的20%，也就是40万元。该次表现费提取之后，"高水位净值"从1变为1.2，在基金净值超过1.2之前，都不能够提取表现费了。下一年基金净值从1.2变成了1.1，则无表现费。在下一年从1.2变成了1.5，净利润为300万元，表现费为300万元的20%，也就是60万元，该次提取表现费之后，"高水位净值"从1.2变成了1.5，以此类推（见表2-3）。

表 2-3　　　　　　　　　高水位提成法示例　　　　单位：万元

时长	高水位净值	年终净值	表现费
1	1000	1200	40
2	1200	1100	无，年终净值没有超过高水位净值
3	1200	1500	60

资料来源：作者绘制。

表现费门槛：表现费的收取，需要超过一个门槛之后才能够提取，例如8%的年化单利，这个常见于私募股权基金。例如，一只私募股权基金有1亿元的规模，5年后退出总资产为3亿元，利润为2亿元，收益率200%，首先扣除掉这5年的门槛收益8%×5=40%，也就是4000万元，然后提取表现费20%，也就是1.6×20%=0.32，也就是3200万元。有些基金对应的门槛是一些指数，例如，股票公募基金对应的是沪深300指数，这个指数衡量的是世界股票大盘的走势，也就是说基金经理如果跑不赢大盘，那么就不能够提取表现费。举个例子，一个股票基金规模为1亿元，门槛为沪深300指数，当年基金回报20%（2000万元），当年沪深300回报10%（1000万元），基金跑赢指数10%（1000万元），其中的20%，也就是200万元，作为表现费。虽然管理费和表现费是最常见的费用，但是还有另外几种费用：

（1）托管费：基金的资产必须托管给有资格的商业银行（如工商银行、建设银行等），投资人的钱从法律意义上来讲，托付给了银行，基金公司只能执行交易，不能支配基金资产，商业银行也会收取一定的托管费，基金每年的托管费一般为 0.1%~0.3%。顺便讲一下，是否有托管银行，是分辨"野鸡"私募、庞氏骗局 P2P 的一个重要手段，"野鸡"私募和庞氏骗局 P2P 是肯定没有托管银行的，否则没办法跑路。

（2）申购费：投资人在购买基金的时候支付的一次性费用，一般为购买总金额的 0~3%，并不是所有基金都有。

（3）赎回费：投资人在卖出基金变现的时候支付的一次性费用，一般为卖出总金额的 0~3%，并不是所有基金都有，并且很多基金会根据投资时间，免掉赎回费，鼓励投资人做长期投资。

初始投资人优惠折扣：很多创业阶段的基金，都会给最早的一批投资人优惠费率，例如 1% 的管理费加 10% 的表现费。

长期投资奖励：很多基金，为了奖励投资人在基金中长期投资，会设定一些优惠条款，例如投资期超过 3 年，则免去赎回费。

常见的基金类型及收费如表 2-4 所示。

表 2-4　　　　　　　　　各种基金类型介绍

基金类型	管理费	表现费	申购费	赎回费	门槛
对冲基金	1%~2%	20%	不常见	不常见	不常见
私募股权基金	0~3%	20%	0~3%	可有可无	固定门槛
股票基金	0~1.5%	10%~20%	0~3%	0~3%	指数门槛
债券基金	0~0.5%	0~10%	0~3%	0~3%	指数门槛
交易所交易基金	0~0.5%	不常见	不常见	不常见	不常见

资料来源：作者绘制。

第三章
股市的各种"坑"

◇

一、从众心理

人是群居动物，我们的祖先通过群体协作，对抗自然风险，获得生存优势。假设一个猿人总是质疑自己部落的集体行为，就会影响部落的集体协作，被部落抛弃，更容易死亡，这个猿人对抗从众行为的基因就不会存活下来，经过长时间的自然选择，"从众心理"就成为了我们的"底层代码"。美国学者曾经做过一个经典的电梯实验：几个学生装作路人，站在电梯里，并且背对着电梯口，当陌生人走进电梯后，也会背过身去，背对着电梯口。这个实验被不同时代的心理学教授做过很多次，并且留下了影像资料。

从众心理导致股市中出现一些经典的错误行为：

（1）不看估值，随大流买卖股票。别人在底部抛售股票，也跟着抛售股票。别人在高点买入股票，也跟着买入股票。

（2）一旦观点形成，固执己见。牛市的时候，只听鼓吹牛市的观点，不肯听强调风险的观点，希望永远涨上去。熊市的时候，到处搜集坏消息，不肯听强调价值的观点，仿佛世界末日就在眼前。这也是为何很多媒体甚至专业的投资机构都有一个特点：高点乐观，低点悲观。

对待个股也是一样，一旦买入了某只股票，就会对这只股票产生好感，主动去搜寻利好的信息，忽略或者反驳利空的信息。巴菲特对此现象有一句名言：你也许对你的股票有感情，但是你的股票是不会对你有感情的。①带着答案去寻找信息，是一件事倍功半的事情。

每一轮牛市，都有三批人：第一批先知先觉，提前进入，"吃肉"。第二批行情起来才明白，跟着进去，"喝汤"。第三批在全面泡沫化之后才反应过来，借钱冲进去，爆仓，还债。

从众心理对我们的负面影响不只体现在股市中，而是体现在生活的方方面面，并且制造了很多糟糕现象。

（3）集体认同：在美国贫困地区的黑人社区中，努力学习的黑人小孩，会遭到其他黑人小孩的殴打，原因是努力学习的小孩"背叛了群体"。

（4）企业盲目并购：曾经美国石油公司刮起过收购矿场和化肥厂的风，原因很简单：一家石油公司收购了矿场或化肥厂，其他石油公司就开始想：是不是他们知道了什么我不知道的？于是也跟着收购了。绝大部分企业，并购完成后，即便结果很糟糕，推动并购的人和资料都很快会被人忘记。

（5）服从权威：麦道公司的飞机乘客撤离测试。美国政府规定，新型飞机在上市销售前，必须经历一系列测试，其中就包括乘客撤离测试。于是麦道公司安排在某个阴暗的停机库，找了一群老年人来扮演乘客，飞机客舱到水泥地的高度达到了 6 米，撤离通道是不

---

① Warren Buffet，HBO，March 2017.

结实的塑料滑梯，第一次测试就有超过 20 人重伤，并且撤离时间超过了政府要求标准。于是麦道公司马上进行第二次测试，又是 20 多个重伤，其中一个终身残疾。麦道公司的前线执行员工，看到了这种疯狂的测试，肯定也明白会有悲剧的后果，但是在服从权威的心理驱动下，没有向上级汇报。

对抗从众心理的最佳方式就是：对事不对人。举个例子：买入一只股票不是因为某人买了（对人），而是因为自己觉得这只股票值得买（对事）。

◇

二、近因效应

美国财政部前部长罗伯特·鲁本（Robert Rubin）曾经对美国总统克林顿说过："总统先生，不要把股市上涨归结为自己的功劳，因为还会跌下去的。"[①]

图 3-1 形容的是中国散户的经典形象，看着股票逐步上涨，忍了很久，最终忍不住买入，然后套牢。

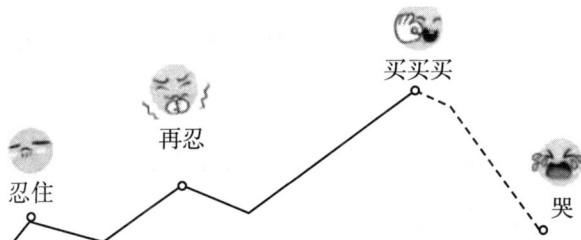

图3-1　中国散户的经典行为

这是中国证券登记结算有限责任公司网站上的一组数据：在2015 年 6 月 12 日，沪深 300 指数收盘价为 5335 点，泡沫很大，那一周的 A 股开户数量为 141.35 万户；半年之后，2016 年 2 月 26 日，沪深 300 指数收盘价 2948 点，极具投资价值，那一周的 A 股开户数量为 42.36 万户（见表 3-1）。

[①]　管涛：《应对疫情全球扩散仅靠经济刺激是不够的》，新浪专栏，2020 年 3 月。

表 3-1　　2015 年和 2016 年泸深 300 收盘价及一周开户数量

时间	沪深 300 收盘价	一周开户数量（万户）
2015 年 6 月 12 日	5335	141.35
2016 年 2 月 26 日	2948	42.36

资料来源：中国证券登记结算有限责任公司。

这种现象绝不是中国独有的。美国股市的大盘，标普 500 指数，1996 年全年上涨 20.26%，1997 年全年上涨 31.01%。在连续上涨的情况下，有学者在 1998 年 4 月做了一个问卷调查：您认为未来 1 年股市还能涨多少？其中 82.80% 的人认为涨幅会超过 10%，并且 22.10% 的人认为涨幅会超过 20%。

3 年后，标普 500 指数在 2000 年跌了 10.10%，就在标普 500 指数下跌之后的 2001 年 4 月，一份同样的问卷调查：您认为未来 1 年股市还能涨多少？

这一次，只有 50.50% 的人认为涨幅会超过 10%，8.00% 的人认为涨幅会超过 20%（见表 3-2）。

表 3-2　　美股市场涨，大众越乐观；美股市场跌，大众越悲观

未来 1 年预期收益	1997 年涨跌	1998 年问卷调查	未来 1 年预期收益	2000 年涨跌	2001 年问卷调查
涨幅超过 10%	涨 31%	82.80%	涨幅超过 10%	跌 10.1%	50.50%
涨幅超过 20%		22.10%	涨幅超过 20%		8.00%

资料来源：A Report on the March 2001 Investor Sentiment Survey，Journal of Behavioral Finance，September 2001.

也就是说，如果前一年股市上涨，美国投资者会更乐观；如果前一年股市下跌，美国投资者会更悲观。

这种现象就是近因效应：在处理大量信息的时候，人类大脑总是认为最近发生的事情更重要。所以在预计股票未来 1 年的回报时，人们总会参考过去一年股市的回报，而不是过去 100 年股市的规律。去年涨了，就认为今年也会涨，去年跌了，就认为今年也会跌。并且股市波动性越大，投资者追涨杀跌的现象就越严重。[①]事实上，涨多了会跌，跌多了会涨，是股市最基本的规律之一。

笔者大学时期打过辩论赛，也代表过伦敦政治经济学院去马来西亚参加过世界华语辩论赛。在辩论队伍中，通常是实力最强的辩手，来充当结辩，并且最后做结辩的队伍，优势更大，这也是因为近因效应。

诺贝尔经济学奖得主罗伯特·塔勒（Robert Thaler）和另一位教授就近因效应做过一个经典的回测。把美国股市 1926 年 1 月到 1982 年 12 月的所有股票，过去 3 年表现最差的（下跌最多的）35 只股票做成一个组合（败者组），过去 3 年表现最好的（上涨最多的）35 只股票做成一个组合（胜者组）。然后记录这两个组合 3 年之后的表现，并且重复此实验得到平均数据。得到了令人吃惊的结果：在未来 36 个月（3 年）后，败者组跑赢了大盘 19.6%，胜者组跑输了大盘 5%，败者组跑赢了胜者组 24.6%（见图 3-2）。

---

① David Dreman, Stephen Johnson, Donald Macgregor, Paul Slovic. A Report on the March 2001 Investor Sentiment Survey. Journal of Behavioral Finance，September 2001.

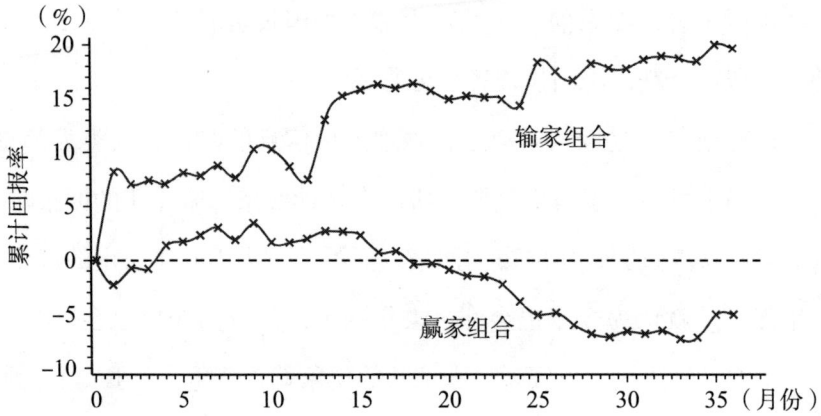

图3-2 罗伯特·塔勒近因效应回测

资料来源：De Bondt and Thaler，1985.

败者组跑赢胜者组的原因就在于：投资者认为过去表现好的股票，未来也会表现好，过去表现差的股票，未来会表现得更差。

价值投资之父，巴菲特的老师本杰明·格雷厄姆（Benjamin Graham）摘取贺拉斯的《诗艺》中的一句话作为《证券分析》的开篇之语：现在已然衰朽者，将来可能重放异彩；现在备受青睐者，将来可能日渐衰朽。

◇

三、损失厌恶

请读者来做一组测验：

第 1 个问题：现在您有 1000 元现金，并且面临以下 2 个选择：

A. 50% 的概率将持有的现金增加为 2000 元。

B. 100% 的概率将持有的现金增加为 1500 元。

选好后，请记住您选了 A 还是选了 B。

第 2 个问题：现在您有 1000 元现金，并且面临以下 2 个选择：

C. 50% 的概率将持有的现金损失 1000 元。

D. 100% 的概率将持有的现金损失 500 元。

选好后，请记住你选了 C 还是选了 D。

现在揭晓答案，第 1 个问题，大部分读者（84%）选了 B；第 2 个问题，大部分读者（69%）选了 C。

这个著名的心理学实验出现在诺贝尔经济学奖得主丹尼尔·卡尼曼（Daniel Kahneman）和阿莫斯·特斯基（Amos Tversky）在

1979 年发表的论文中——前景理论：《面临风险做出的决策的分析》(*Prospect Theory : An analysis of decision under risk*)。这篇论文可谓是现代行为经济学的开山鼻祖，在这之前，理性人假设（人们总是理性的做出自身利益最大化的决策）是经济学的基本概念，卡尼曼和特斯基对此提出了挑战，并且用一系列实验证明了：人是不理性的。

在这两道题中，其实 A 选项和 B 选项的数学期望值是一样的，都是 1500 元；并且 C 选项和 D 选项的数学期望值也是一样的，都是 1500 元。如果人真的是完全理性的，那么选择 A 和 B 的人应该各占 50%，并且选择 C 和 D 的人应该各占 50%。但事实上不是这样，答案就在于：

厌恶损失：人们面对同样数量的收益和损失时，认为损失更加令他们难以忍受，同量的损失带来的痛苦感为同量收益的快乐感的 2~2.5 倍。也就是说，得到 20~25 元的快乐，等同于失去 10 元的痛苦。

设想一下，假如您持有 2 只股票，A 股票成本价 20 万元，当前价格 30 万元；B 股票成本价 20 万元，当前价格 10 万元。现在需要花 10 万元买入 1 辆车，您会选择卖哪一只股票？估计绝大部分人都会选择卖 A 股票。厌恶损失反映了人们的风险偏好在面临收益和损失的时候是不同的，当面临收益的时候，人们的风险偏好会变低，所以在本章节开头的第 1 题中选择 B；当面临损失的时候，人们的风险偏好会变高，所以在本章节开头的第 2 题中选 C。

损失厌恶也是赌场能够挣钱的一个重要原因，赌场中不容易收手的一般是那些输钱的人，因为赢钱的人，想着保住利润，见好就收，不愿意再冒险；输钱的人产生了损失，面对损失，更倾向于承担风险，赢回来成本。每一个倾家荡产的赌客，都会经历过无数次的"回本了我就不玩了"的心路历程。

损失厌恶体现在股市上就是浮盈后及时止盈，亏损却不肯割肉。笔者无数次听到普通投资者和专业投资者说当年买了腾讯或茅台，如果不卖的话翻了多少倍了。随机打开一个人的股票持仓，一般浮亏的股票数量会远多于浮盈的数量，因为浮盈的股票早早就落袋为安了，而浮亏的股票还在期望回本。

损失厌恶也可以应用在和别人交流上。如果期望别人冒险，就要强调损失；如果期望别人不冒险，就要强调收益。举个例子，期望一个不买股票的人买股票（冒险），就要强调股票大涨后错过的收益（强调损失）；期望一个买着股票的人不买股票（不冒险），就要强调落袋为安（强调收益）。

曾经有个朋友炒股票亏钱了，问我怎么办，我知道他不懂股票，于是劝他割肉，不要炒股票了，他对我说："等我回本了，我就不炒了"。

◇

四、过度自信

　　自 2007 年起，中国证券业协会和中国证券投资基金业协会（以下简称"协会"）在证监会的指导下组织开展公募基金投资者状况调查工作，在其发布的《2019 年度全国公募基金投资者状况调查报告》中，有这么一段："根据调查问卷数据显示，有 93.4% 的投资者认为自己的金融知识水平高于或者处于同龄人平均水平，与 2018 年度相比较，数据比例几乎一致。其中，12.0% 的投资者认为自己的金融知识水平远高于同龄人的平均水平，41.4% 的投资者认为自己的金融知识水平高于同龄人平均水平，39.8% 的投资者认为自己的金融知识水平大约处于同龄人的平均水平。此外，有 5.6% 的投资者认为自己的金融知识水平低于同龄人平均水平，只有 1% 的投资者认为自己的金融知识水平远低于同龄人的平均水平"（见图 3-3 ）。

　　过度自信，指的是认为自己的能力或者知识比实际情况更高。图 3-3 中，只有 5.6% 的人认为自己的金融知识低于同龄人水平，事实上，金融知识低于同龄人水平的概率一定是 50%。过度自信不只体现在投资领域，瑞典有 90% 以上的司机都认为自己的驾驶水平在平均水平之上。

远低于同龄人
的平均水平
1.2%

低于同龄人的
平均水平
5.6%

远高于同龄人
的平均水平
12.0%

大约处于同龄人
的平均水平
39.8%

高于同龄人的
平均水平
41.4%

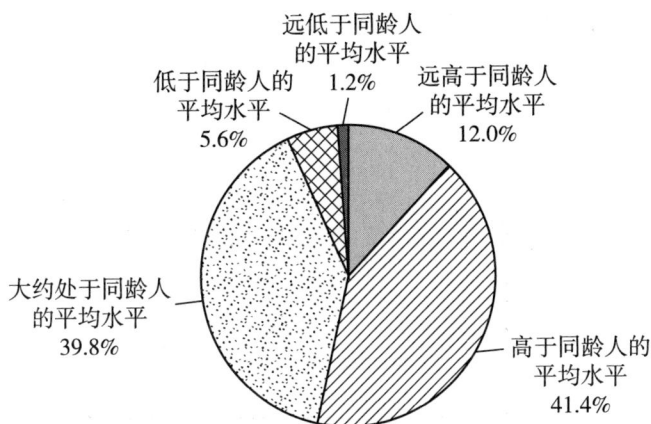

图3-3　金融知识水平自评

资料来源：中国基金企业协会：《2019年度全国公募基金投资者状况调查报告》，2020。

　　过度自信，也是自然选择的结果，面临复杂的自然环境，人类需要迅速地做出反应，如果思考时间过长，很有可能导致任何行动都是无效的。

　　并且非常有趣的是：越是欠缺专业知识，越是高估自己的知识水平。原因就在于学习会让人意识到自己的能力不足。1999年，美国两位教授大卫·唐宁（David Dunning）和贾斯汀·格鲁克（Justin Kruger）共同提出了一种现象："唐宁—格鲁克现象"。唐宁—格鲁克现象指的是一个人的自信和经验之间的相关性，当一个人对某个领域（如金融）毫无经验的时候，此人的自信是100，随着该领域的经验越来越多，自信反而下降了；经过了一个临界点之后，随着该领域的经验越来越多，自信开始上升，但是即便拥有了专家级别的经验，自信也远不如对该领域一无所知的"小白"。我们中国有一句俗语：初生牛犊不怕虎（见图3-4）。

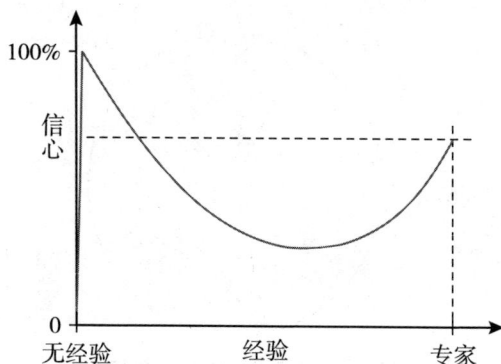

图3-4 邓宁格鲁克效应

资料来源：Dunning and Kruger，Unskilled and Unaware of It，Journal of Personality and Social Psychology，January 2000.

过度自信导致投资者，特别是缺乏专业投资知识的普通投资者，经常高估自己的投资能力，克服过度自信的最佳手段，就是认真地记录每一笔投资，包括投资理由、投资标的、投资时间、投资结果。这样才能够通过复盘的方式，清晰地明白自己的投资水平，克服过度自信。

很多网站有创建组合功能，可以创建出一个模拟的基金，并且按照自己的持仓，调整组合。这样就可以清楚地看到自己的表现，包括相比于大盘的超额收益等一些指标。

不停地自我审视，是对自己诚实的最好方法。

◇

五、禀赋效应

巴菲特的合作伙伴查理·芒格（Charlie Munger）曾经看好一只股票，叫作贝尔里奇石油（Belridge Oil），并且芒格用现金，以每股115 美元的价格买入了 300 股。第二天，他有机会以同样的价格再次买入 1500 股，这个时候他手里的现金不够了，需要卖掉一些其他股票或资产来筹备现金。虽然他依旧看好贝尔里奇石油，但是他不想卖出自己已经拥有的股票或者其他资产，于是他没有买入这 1500股。不到两年，壳牌石油以每股 3700 美元收购了贝尔里奇石油。

顶级的投资大师，也会陷入到禀赋效应的陷阱中。

禀赋效应，指的是人类倾向于喜欢自己拥有的物品，当我们拥有或者产生拥有一样物品的感觉之后，我们对该物品的价值评估就会提升。

诺贝尔经济学奖得主丹尼尔·卡尼曼（Daniel Kahneman）和阿莫斯·特斯基（Amos Tversky）曾经做过一组关于禀赋效应的实验。实验中，参加者被随机分成两组：第一组在完成问卷后，得到一只咖啡杯作为礼物。第二组在完成问卷后，得到一盒巧克力作为礼物。

咖啡杯和巧克力的购买价格是一样的。参与者在收到礼物之后，工作人员会告知参与者可以把已经收到的咖啡杯换成巧克力，或者把已经收到的巧克力换成咖啡杯。参与者进入第一组或者第二组，是随机分配的，并且咖啡杯和巧克力的购买价格一样，理论上应该有 50% 的参与者会选择换掉礼物。然而有趣的是，只有 10% 的参与者选择交换礼物，也就是说：得到巧克力的人，认为巧克力比咖啡杯好；得到咖啡杯的人，认为咖啡杯比巧克力好。

禀赋效应和损失厌恶有着相同之处，损失厌恶指的是损失带来的痛苦，是得到带来的快乐的 2~2.5 倍。失去一个价值 10 美元的咖啡杯，带来的痛苦需要得到一盒价值 20~25 美元的巧克力才能弥补。所以在面对一盒价值 10 美元的巧克力时，绝大部分人都不会选择交换。禀赋效应的存在，导致人们普遍高估了自己拥有的物品，例如高估自己的身价，高估自己的房产。

企业也会充分地利用禀赋效应，例如游戏公司在设计游戏时，尽量会让玩家自己选择和装扮主人公，组装游戏世界，这样玩家会更加喜欢游戏中的主人公或者自己创造的世界，从而更加痴迷游戏，花费更多的时间或者金钱。博彩企业会让赌客自己选择号码，虽然中奖号码是随机分配的，但是赌客会对自己选择的博彩号码更加喜欢，从而更加沉迷于买彩票。

在投资领域，由于禀赋效应的存在，导致投资者在买入企业股票之后，会对该企业产生好感，提升对该企业的价值评估。很多股票论坛中都充斥着股民们互相争论自己买的股票更好，经常上升到人身攻击的层面。巴菲特曾经说过一句很经典的话：你也许对你的股票有感情，你的股票不会对你有感情（You might have feelings for your stock，but your stock will not have feelings for you）。

克服禀赋效应的方法之一，就是在做投资决策的时候，假设你持有的股票不是股票，而是等值的现金。举个例子：1年前买入了一只股票A，不论成本价是多少，现在的总价值是10万元，这个时候思考是否应该买入另外一只股票B，在思考是否应该买入股票B的时候，假设股票A已经不存在了，而是持有10万元的现金，现在面临着买入股票A还是买入股票B的选择。这样就避免了对股票A产生感情，更容易痛下决心割肉。

◇

六、大数法则和幸存者偏差

著名的价值投资者普遍长寿，举几个例子：沃伦·巴菲特（1930年出生）、查理·芒格（1924年出生）、霍华德·马克思（1946年出生）、查理·布兰德斯（1942年出生）。巴菲特和芒格这对91岁和97岁的搭档，现在还没退休，快乐的管理着5500亿美元的投资公司：伯克希尔哈撒韦。为何著名的价值投资者都长寿？

在回答这个问题之前，先讲一段趣事：第二次世界大战期间，美国哥伦比亚大学统计学教授亚伯拉罕·沃德应美军的要求，运用他的统计学知识研究一个课题："飞机应该在哪个部位加强防护来降低被击落的概率？"沃德教授进行分析后发现，机翼遭受攻击最多，发动机遭受攻击最少。因此美军指挥官认为"应该加强机翼防护"，但是沃德教授给出的结论是"应该加强发动机防护"。原因在于：能够被分析的飞机，都是幸存下来的，说明被击中发动机的飞机最容易坠毁。后来证明沃德教授的分析完全正确，这就是著名的幸存者偏差。

为何著名价值投资者都长寿？答案是：长寿的价值投资者才会著名。他们著名的原因是：太有钱了。例如，沃伦·巴菲特（身价6000亿美元）、查理·芒格（身价112亿美元）、霍华德·马克思（身价147亿美元）、查理·布兰德斯（身价88亿美元）。

在复利的威力下，价值投资者绝大部分的财富，都是晚年才赚到的。还是以巴菲特为例，巴菲特95%的财富，都是他65岁之后赚到的。

比较可惜的是那些英年早逝的价值投资者，也许收益率丝毫不输给巴菲特等人，但是财富体量上差了好几个零，所以也不出名。

幸存者偏差是由大数法则和赌徒谬误衍生出来的。大数法则指的是在随机事件的大量重复出现中，往往呈现几乎必然的规律。举个例子：如果我们抛硬币（公平的硬币），得到正面和背面的概率分别为50%。我们抛硬币一万次，那么正面和背面的比例会非常接近1:1。

赌徒谬误指的是认为由于某事发生了很多次，因此接下来不太可能发生；或者由于某事很久没发生，因此接下来很可能会发生。举个例子：赌徒谬误认为，抛一枚公平的硬币，连续出现越多次正面朝上，下次抛出正面的概率就越小，抛出反面的概率就越大。

澳门赌场中最赚钱的游戏就是百家乐[①]，在百家乐中，赌客可以赌庄家赢或者赌闲家赢。在每一局中，庄家或者闲家赢都是随机的事件（和抛硬币一样），然而赌客们却认为有规律可循，并且称之为"路"，路还分为主路和小路，赌客们盯着屏幕疯狂的寻找规律，期望能够发现赢大钱的方法，然而下一局是庄赢还是闲赢，完全是随

---

① 百家乐是一种扑克游戏，亦是赌场中常见的赌博游戏之一。百家乐源于意大利，15世纪时期传入法国，19世纪时盛传于英法等地。时至今日，百家乐是世界各地赌场中受欢迎的赌博游戏之一。在澳门的赌场中，百家乐赌桌的数目更是全球赌场之中最多，下注金额与获利也占澳门赌场之首。

机事件。

在投资领域，赌徒谬误的一个体现就是：强调个例，忽略规律。例如市场上经常看到各种年化超过 50% 的基金在销售，年化 50% 的基金，本金 4 年就可以变成 5 倍，而全世界公认最优秀的投资人沃伦·巴菲特也不过年化 20%。

靶向药物是一种治疗癌症的药物，在病人使用靶向药物之前，需要先确认病人有相应的"靶点"，但是即便确认了病人具有"靶点"的情况下，也只有 90% 的有效性。一万个病人里面，有一千个病人吃了靶向药物没有效果，但是医生绝对不会因为这一千个没效果的病例，就不给病人开药了。使用个例，否定大样本数据归纳，是不理智的行为。

◇

七、错把"相关"当"因果"

（1）中世纪的欧洲人认为身上有虱子对健康有好处，因为虱子不出现在生病的人身上，虱子离开了这个人就生病了。

（2）调查发现，去医院是排在心脏病、脑血栓之后的人类第三大死亡原因。

（3）打篮球的人，个子长得高。

（4）巴菲特曾经调侃：他观察到 6 岁小孩子死亡率很低，并且 6 岁小孩子喜欢吃糖果喝可乐，所以他也吃糖果喝可乐。

（5）游泳溺亡的人越多，雪糕卖得越好。

（6）从 1950 年开始，二氧化碳排放和肥胖率都在上升，所以二氧化碳排放导致肥胖。

（7）儿童时期多吃牛排，成年后收入越多。

（8）携带打火机的人，得肺癌的概率越大。

（9）小明感冒了，第 6 天喝了凉茶，第 7 天好了，于是感慨凉茶的神奇。

（10）单车选手运动多，所以体脂率更低。

当 A 和 B 出现了相关性后，一共有 5 种可能性：

a. A 导致 B。

b. B 导致 A。

c. C 导致 A 和 B。

d. A 和 B 互为因果。

e. 巧合。

刚才的现象，正确答案是：

（1）虱子对体温很敏感，人一开始发烧虱子就走了。（B 导致 A）

（2）人生病了才会去医院，所以死亡率高了。（B 导致 A）

（3）个子高的人打篮球有优势，所以更可能打篮球。（B 导致 A）

（4）小孩子年纪小，所以死亡率低，并且小孩子喜欢吃糖果喝可乐。（C 导致 A 和 B）

（5）天热导致游泳的人变多（溺亡的人变多），同时雪糕卖得更好。（C 导致 A 和 B）

（6）人类更加富有了，吃得更多，二氧化碳排放更多。（C 导致 A 和 B）

（7）儿童时期多吃牛排的国家说明是发达国家，所以长大后收入高。（C 导致 A 和 B）

（8）携带打火机的人，抽烟的概率更高，得肺癌的概率更高。（C 导致 A 和 B）

（9）事实上，感冒属于"自限性疾病"，一般 5~7 天之后自动痊愈。（C 导致 A 和 B）

（10）骑单车导致锻炼导致体脂率低；同时体脂率低的人骑单车有优势所以更会成为单车选手。（A 和 B 互为因果）

◇

八、委托代理问题

联邦快递系统的使命是保证货物按时送达，这种商业模式，极其依赖夜班工人，因为大量货物分发必须在夜里完成，例如在夜里让飞机集中到一地，迅速分发货物到各个飞机上。曾经有一段时间，联邦快递的夜班工人总是无法完成任务，联邦快递的管理层动之以情、晓之以理，还是没什么作用，后来管理层才发现问题的根源：联邦快递按照小时来支付夜班工人工资。这种激励方式，夜班工人会把1小时能完成的任务拖延到2小时甚至更长。于是联邦快递管理层更改了激励机制：按照班次来支付工资，早干完早回家。联邦快递的效率马上就上去了。

委托代理问题是一个经典的难题，指的是委托人和代理人利益不一致，导致代理人出于自身利益考虑，做出有损委托人的行为。

一个经典的例子就是"年终豪赌"。基金公司经常为基金经理排名，月度排名、季度排名、半年排名、年度排名，特别是年度排名，极其重要，如果一个基金经理年度排名很低，可能第二年就不是基金经理了，而曾经讲过，股票投资需要做长期投资，至少3年起投，这就导致基金经理很难做出长期决策。当一年快要结束了，基金经理排名靠后，这个时候基金经理经常做出的一个决策就是拿投资人的钱赌一把，反正赌输了没损失，赌赢了有好处。

还有个经典的现象就是"装扮季报"。公募基金每个季度要披露前 10 大持仓，每次到了快要披露的时间节点，基金经理们就会买入目前受到投资者追捧的股票，这样当季报出来之后，投资者看到基金经理买的是"好股票"，就会更愿意把钱留在公募基金里面。

这个绝不仅仅是国内的问题，全世界都一样，美国的晨星机构调查发现，美国的投资人和基金经理平均维系时间只有 3 年。

在美国 2007 年次贷危机爆发之前，美国金融公司把垃圾资产卖给投资者，在卖垃圾资产之前，命令评级公司给出高评级。评级公司很明白这些资产是垃圾，然而还是给出了很高的评级。因为如果他们不给出这样的评级，那些金融公司就会把业务交给其他评级公司。评级公司明知道资产是垃圾，还是要给出高评级，也是因为委托代理问题。

销售投资建议的机构，例如财经杂志，也会为了卖杂志给更多的客户，迎合市场情绪，因为毕竟自己不会出钱投资。例如 2015 年 9 月 14 日，美国著名的财经杂志——《巴伦周刊》封面文章：阿里巴巴为何有可能在目前的基础上（63 美元每股）再次腰斩。2017 年 8 月 3 日，巴伦周刊发表文章：阿里巴巴的股价有可能在未来两年从目前每股 155 美元涨到 300 美元。

对抗委托代理问题的最佳手段就是：利益绑定。

跟投制度能够很好地解决委托代理问题，基金经理把自己的钱放入管理的基金中，保证和投资人利益一致。现在有很多公募基金如兴业全球等基金都奖励跟投的基金经理。

基金的收费通常分为两部分：管理费和表现费。一般管理费是固定的，而表现费是和基金业绩挂钩的。例如，一个1亿元的基金中，管理费每年100万元（1%），表现费为净利润的20%，基金升值了20%，则基金经理得到表现费400万元（2000万元净利润的20%）。为了避免委托代理问题，可以降低管理费，提升表现费，这样如果客户不赚钱，基金经理也不能赚钱。巴菲特的师兄沃尔特·施洛斯（Walter Schloss）就采用了无管理费、25%表现费的收费方式。并且可以拉长收费周期，例如，巴菲特的老师本杰明·格雷厄姆（Benjamin Graham）在1976年接受《金融分析家杂志》的时候提出了一个基金经理收费方式：基金经理以5年为周期收费。

证券投资行业，最能够产生超额收益的原则就是逆向投资，逆向投资真正的困难并不在基金经理的执行层面，而是在基金经理和投资人的沟通层面。只有投资人对基金经理的操作策略和组合信息充分理解，才会在业绩不佳、处于困境时保持对基金经理的信心，并支持其进行逆向操作。

这里强烈推荐一家南非资产管理公司的收费模式。奥比斯投资管理（Orbis Investment Management）是由南非富豪艾伦.格雷（Allen Grey）创立的，成立于1989年，目前已经为客户管理着超过300亿美元的资金，是由家族基金发展起来的投资管理公司。奥比斯的收费模式可谓特立独行：首先，奥比斯不收管理费，只收表现费，换句话说它们所有收入都来源于客户利润，能做到这一点就很了不起了，市场上几乎找不到不收管理费的公司。其次，奥比斯的表现费是根据大盘收取的，也就是说，奥比斯不但要为客户创造利润，还要创造跑赢大盘的利润，才能够收费。最后，也是最牛的地方：如果跑输了大盘，基金不但不收表现费，而且倒贴表现费给客户！这种收费方式，堪称典范。但是，奥比斯基金的最低投资门槛是：2000 万美元。

天上很少会掉馅饼！

◇

九、不融资、不做空、不满仓、不空仓

价值投资者俱乐部（Value Investor Club）是由美国传奇投资人乔尔·格林布拉德（Joel Greenblatt）创办的论坛，这个论坛聚集了一批非常优秀的价值投资者。该论坛在 2017 年 5 月 31 日出现帖子号召大家做空恒大，此时恒大股价 14 港币。此后恒大一度上涨到了 27 港币，如果那个时候不带杠杆去做空恒大，账面浮亏 48%，带着一倍或一倍以上杠杆进去做空的，全部爆仓了。

美国著名的资产管理公司——长期资本管理公司（Long Term Capital Management），曾经是华尔街最闪亮的新星，汇集了各位明星基金经理，使用的策略是加杠杆，期望价格走向他们的预期价格，结果价格走向了相反的方向，因为加了杠杆，导致爆仓。

有些驾驶者，在十字路口看到绿灯不减速，这种行为，低估了一种风险：因为别人犯错误而导致自己出事故。融资、做空和这些驾驶者不减速的行为非常相像。不融资，不做空，别人的错误，带来错误的市场定价，就是你的机会，你的利润来源；如果融资了或做空了，别人的疯狂和不理智行为，却能够对你产生伤害。即便是看对了，即便是最终不合理的价差回归了，因为融资或做空，导致早早爆仓，等不到合理价格回归的时候了，也享受不到合理价格回归的利润了。

不要因为市场估值高就去做空，短期内，贵的可能更贵，如2015年初，创业板指数估值已经涨到了令人咋舌的60多倍市盈率，然而不到半年居然涨到了130多倍市盈率。

不要因为市场估值低就去融资抄底，短期内，便宜的可能更便宜，如2013年初，上证50指数已经跌破了10倍市盈率，很便宜了，然而从2013年初至2014年中期，居然从10倍市盈率跌到了7倍市盈率。

不融资和不做空，别人的疯狂就不会伤害到你。不满仓和不空仓，还能够从别人的疯狂中获得利润。

任何一次股票交易，都有买方和卖方，并且双方都觉得自己划算。但是数据表明必然是一半的人对了，一半的人错了。为了成为对的那一半人，就要勤奋的去分析股票的价值，比较股票的价格，做出正确的决策。股票市场的疯狂永远无法预测，我们在任何时间都无法确定未来是否会出现更加划算的买卖，只要不满仓，在股市疯狂的下跌时可以买入股票（2008年、2015年下半年）；并且只要不空仓，在股市疯狂的上涨时可以卖出股票（2007年、2015年上半年）。

◇

十、基金经理跑不赢大盘

资产管理行业有一个人尽皆知但是又羞于启齿的秘密：领取着高额报酬的基金经理们，绝大部分跑不赢大盘。

这里的基金经理指的是公募基金经理，不包括私募。并不是说私募基金经理的表现更好，而是因为私募基金的数据难以统计。所以对基金行业的数据分析，普遍指公募基金。

我们来看一组美国的数据，表 3-3 列出的是美国不同类型的基金跑输指数的比例和时间。首先，大部分基金在 3 年维度上，是跑输指数的，并且比赛时间越久，跑输的概率越高。用长跑比赛打个比方，基金经理有时候跑得快，有时候跑得慢，指数虽然看上去平平无奇，但是一直匀速跑，所以基金经理越到后面，越跑不过。先锋集团的创始人约翰·博格（John Bogle）曾经统计过："从 1983 到 1988 年的 15 年中，公募股票基金跑输标普 500 指数的比例为 97%，平均每年跑输标普 500 指数 4.2%。"[1]

---

[1]　Mark Perry, More evidence that it's really hard to "beat the market" over time, 90% of finance professionals can't do it，AEI，April 2020.

表 3-3　　　　美国不同类型的基金跑输指数的比例和时间

基金类型	对应指数	1 年（%）	3 年（%）	5 年（%）	10 年（%）	15 年（%）
全美基金	标普全指 1500	70.01	71.92	83.27	89.33	89.1
全美大盘	标普 500	70.98	71.13	80.6	88.99	90.46
全美中盘	标普中盘 400	31.67	45.97	64.41	84.22	88.27
全美小盘	标普小盘 600	38.5	61.02	77.37	88.61	89.08

资料来源：Anthony Ginsberg Lisa Segall，80% of US Fund Managers Underperform S&P 500 Over 5 years，GinsGlobal Index Funds，2020.

巴菲特在 1965 年股东信中讨论过基金经理跑不赢大盘的一个原因：如果把基金经理作为一个整体来看，肯定是一半跑赢指数，一半跑输指数，并且基金经理们要收取高昂的费用，所以大部分基金在扣除费用（管理费、表现费、运营费等）之后，会跑输标普 500 指数基金。诺贝尔经济学奖得主威廉·夏普（William Sharpe）也提出过相似的观点。

另一个原因就是大盘基金的设计，以中国的大盘指数：沪深 300 为例，中国市场目前有 4000 只股票，然而只有 300 只市值最大的能够进入沪深 300 指数，这就导致沪深 300 指数只持有上市企业中体量较大的。一家企业如果拥有护城河，那么就会获得超越平均的股东回报率（企业平均股东回报率 10%），这家企业就会变得越来越大，会被纳入指数基金中，并且权重也会越来越重。以标普 500 为例，从 2010 年开始，美国科技龙头的权重越来越大（苹果、亚马逊、谷歌、微软、脸书），并且这些企业连续多年保持了高速增长。明晟中国指数最大的两个权重股腾讯和阿里，加一起权重占了30%，明晟中国指数相当于重仓了中国最优秀的互联网企业。相反，如果一个企业失去了护城河，股东回报率就会降低，就会被指数淘汰，所以大盘指数本身带有"优胜劣汰"的选择在里面。

这里补充一个有趣的知识点：A股股民常看的上证指数，是存在着严重缺陷的：（1）上证指数只统计了上海股票交易所的股票，占有A股总市值1/3的深圳股票交易所股票完全没有被统计在内，例如五粮液、美的、格力、万科这样的长期大牛股，都没包含在上证指数之中。（2）上证指数在新股上市后第11个交易日纳入指数，而A股新股上市后普遍会有较高的涨幅，上证指数相当于去"高位接盘"了。所以中证指数公司发布并且维护的沪深300指数，才能更好地反映A股整体收益，类似于美国的标普500指数，都是把股市中最大的几百只股票打包计算，可以理解为"大盘指数"。

巴菲特超过半个世纪的投资生涯，年化回报率在20%左右，但是这是因为利用保险公司，加了60%的杠杆的结果，如果把杠杆收益刨除在外，巴菲特职业生涯的年化收益率只有13%左右，而同期美国大盘指数，标普500指数的年化回报率也有10%，即便是世界公认最伟大的投资者，长期跑赢指数的幅度也只有3%~4%，可见跑赢大盘是多么的困难。

如果绝大部分基金经理都跑不赢大盘，那么普通投资人又应该怎样投资股票呢？答案就是：ETF定投。

◇

十一、如何计算内部收益率（IRR）

所谓投资，本质上就是一种"时间套利"，把现在的钱，在未来某个时间，变成更多的钱，也就是高瓴资本创始人张磊所说的："做时间的朋友"。所以做投资的第一课，就是学会如何计算"贴现率"，也可以理解为"资本时间回报率"。最通常的做法是用年化回报率来表示，如年化回报率10%，意思就是一笔钱现在不花，1年后就能够花110%。

在 Excel 中，有专门计算内部收益率的公式：= XIRR（现金流，时间序列）

用以下5个例子说明：

（1）一只国债券，购买价格为100元，每年派息5元，拿了9年利息，最后一年利息5元和本金100元全部收回。内部收益率计算为：= XIRR（B2：B12，A2：12）。Excel 中的 B2：B12 指的是现金流，A2：A12 对应的是现金流发生的时间。第一年初买债券花了100元，此后每年初收取利息5元，到最后一年初收取本金100元加利息5元。内部收益率为5%（见表3–4）。

表 3-4 投资国债内部收益率计算示例 单位：元

时间	债券
2010 年 1 月 1 日	-100
2011 年 1 月 1 日	5
2012 年 1 月 1 日	5
2013 年 1 月 1 日	5
2014 年 1 月 1 日	5
2015 年 1 月 1 日	5
2016 年 1 月 1 日	5
2017 年 1 月 1 日	5
2018 年 1 月 1 日	5
2019 年 1 月 1 日	5
2020 年 1 月 1 日	105
内部收益率	5%

资料来源：作者绘制。

（2）一个商铺，开业投资 35000 元，经营 10 年下来，有的年份盈利，有的年份亏损。内部收益率计算为：= XIRR（B2：B12，A2：12）。Excel 中的 B2：B12 指的是现金流，A2：A12 对应的是现金流发生的时间。第一年初投资商铺花了 35000 元，此后每年初计算一次当年的总盈亏，每年有赚有赔。内部收益率为 7.39%（见表 3-5）。

表 3-5 投资商铺内部收益率计算示例 单位：元

时间	商铺
2010 年 1 月 1 日	-35000
2011 年 1 月 1 日	-135
2012 年 1 月 1 日	-3546

续表

时间	商铺
2013 年 1 月 1 日	4164
2014 年 1 月 1 日	1346
2015 年 1 月 1 日	−1305
2016 年 1 月 1 日	15641
2017 年 1 月 1 日	13462
2018 年 1 月 1 日	15642
2019 年 1 月 1 日	−265
2020 年 1 月 1 日	15646
内部收益率	7.39%

资料来源：作者绘制。

（3）一个股权投资项目，第一年投资 10000 元，此后 9 年无分红，第 10 年被投企业上市，投资退出，卖出股票获利 50000 元。内部收益率计算为：= XIRR（B2：B12，A2：12）。Excel 中的 B2：B12 指的是现金流，A2：A12 对应的是现金流发生的时间。第一年初股权投资花了 10000 元，10 年后年初卖出股票获得 50000 元，内部收益率为 17.45%（见表 3-6）。

表 3-6　　　　投资股权项目内部收益率计算示例　　　单位：元

时间	股权投资
2010 年 1 月 1 日	−10000
2011 年 1 月 1 日	0
2012 年 1 月 1 日	0
2013 年 1 月 1 日	0
2014 年 1 月 1 日	0
2015 年 1 月 1 日	0

续表

时间	股权投资
2016 年 1 月 1 日	0
2017 年 1 月 1 日	0
2018 年 1 月 1 日	0
2019 年 1 月 1 日	0
2020 年 1 月 1 日	50000
内部收益率	17.45%

资料来源：作者绘制。

（4）一只股票，第一年投资 10000 元买入，此后 9 年每年初分红一次，第 10 年遇到牛市，卖出股票获利了结。内部收益率计算为：= XIRR（B2：B12，A2：12）。B2：B12 指的是现金流，A2：A12 对应的是现金流发生的时间。第一年初买股票花了 10000元，此后每年初收取分红，最后卖出股票获得 30000 元，内部收益率为 13.94%（见表 3-7）。

表 3-7　　　　　　投资股票内部收益率计算示例　　　　单位：元

时间	股票
2010 年 1 月 1 日	−10000
2011 年 1 月 1 日	300
2012 年 1 月 1 日	500
2013 年 1 月 1 日	200
2014 年 1 月 1 日	600
2015 年 1 月 1 日	300
2016 年 1 月 1 日	200
2017 年 1 月 1 日	400
2018 年 1 月 1 日	400

续表

时间	股票
2019 年 1 月 1 日	600
2020 年 1 月 1 日	30000
内部收益率	13.94%

资料来源：作者绘制。

（5）一个地产项目，建成后出售房产然后回笼资金继续投资。内部收益率计算为：= XIRR（B2：B12，A2：12）。B2：B12 指的是现金流，A2：A12 对应的是现金流发生的时间。地产项目分为三期，每一期都是第一年投入建房，然后卖房，最后 2 年不开工，收拢回款，内部收益率为 17.84%（见表 3-8）。

表 3-8　　　　　投资地产项目内部收益率计算示例　　　单位：元

时间	地产项目
2010 年 1 月 1 日	−100000
2011 年 1 月 1 日	−20000
2012 年 1 月 1 日	200000
2013 年 1 月 1 日	−250000
2014 年 1 月 1 日	−50000
2015 年 1 月 1 日	400000
2016 年 1 月 1 日	−260000
2017 年 1 月 1 日	−20000
2018 年 1 月 1 日	280000
2019 年 1 月 1 日	9000
2020 年 1 月 1 日	9000
内部收益率	17.84%

资料来源：作者绘制。

　　从以上例子中可以看出来，内部收益率计算起来非常简单，只要有现金流记录和发生的时间即可，任何人都可以针对任何项目去计算该项目的内部收益率，笔者的建议是任何普通人的投资，都应该给自己建立一个内部收益率计算表，这样才可以真实地反映投资的回报，我们很难做到"吾日三省起身"，但是可以做到"吾年一省投资"。

◇

十二、ETF 定投——普通投资者的最佳选择

如果你一辈子不炒股，你就跑赢了 70% 的股民。

这是本书建议普通投资者阅读的最后一篇，当然也是最重要的一篇。本书的核心论点就是：每个月拿出一定资金持续购买大盘指数基金（ETF），是普通投资者的最佳投资策略。

沃伦·巴菲特说："大部分投资者，不论是机构投资者还是个人投资者，都会发现持有股票的最佳方式就是收费低廉的指数基金（ETF），选择指数基金（ETF）的投资者，会发现自己成功超越了绝大部分基金经理。"[1]

皮特·林奇说："人们在选择优秀的基金、优秀的基金经理上面花费了大量的时间和精力，但是大部分情况下，这些时间和精力都被浪费了。除非非常幸运地选中了极少数的能够跑赢大盘的基金。与其向飞镖盘投飞镖，不如直接买下整个飞镖盘。"[2]

大盘 ETF 定投有以下 4 个核心的变量：

（1）大盘指数：很多 ETF 都不是大盘 ETF，如医药 ETF、消费 ETF 等，一定要注意，ETF 定投的是大盘 ETF，例如中国的沪深

---

[1][2]　Mark Perry, More evidence that it's really hard to "beat the market" over time, 90% of finance professionals can't do it，AEI，April 2020.

300ETF 或者先锋全世界股票 ETF。

（2）起始时间：这个非常重要，因为股票投资是个复利游戏，国家运行正常的情况下，股票长期的收益就是 10%，那么早 7 年，就是 1 倍的差距，所以定投开始的越早越好，这里给出一组对比。张小姐 20 岁起每个月投资 500 元买大盘 ETF。假设年化回报率是 10%，张小姐投资了 7 年，到 27 岁的时候就不投资了，每个月多花 500 元，到张小姐 60 岁退休的时候，总资产为 160 万。王先生则 27 岁时才开始投资，同样是大盘 ETF，年化回报率 10%，同样每个月投入 500 元，王先生定投了 33 年，到 60 岁时，总资产才 155 万元。张小姐比王先生早开始了 7 年，而此后王先生多定投 33 年，还不如张小姐此前 7 年的定投带来的回报高。这就是早开始的威力。

（3）费率：选择 ETF 费率一定要低，因为经过几十年的复利，哪怕是微小的费率区别，都会对最终资产造成很大的影响。举个例子，张小姐每个月定投 500 元，年化回报率 10%，定投 40 年，最终总资产为 638 万元；王先生每个月定投 500 元，年化回报率 9.5%，定投 40 年，最终资产为 536 万元。先锋标普 500ETF 的年化费率为 0.03%，中国沪深 300 的总费率大概在 0.6%，还有很大的下调空间。

（4）跟踪误差：这个指的是 ETF 追踪大盘指数的误差，越是优秀的 ETF，跟踪误差越低。目前市场上绝大部分体量大的大盘指数 ETF，跟踪误差都极小。

最后，给出一个简单计算 ETF 定投最终总资产的方法：如果每个月定投 1000 元，投资 30 年，假设基金年化收益率为 11.5%（沪深 300 指数从 2015 年 1 月 1 日至 2020 年 12 月 31 日，年化回报率 12%，减去 0.5% 的基金费用)。投资者定投 30 年后，将会得到 315 万元的总资产，如果每个月定投 2000 元，就是 630 万元，每个月定投 3000 元，就是 945 万元，以此类推。

ETF 定投不能适用于年长者，因为年长者用钱的时间非常随机，所以必须兼顾流动性和波动性，笔者在 2017 年 7 月写过一个全天候策略，这个策略是专门用来控制回撤的，可以作为老了后定投的参考。

第四章
价值投资

◇

一、股票投资的流派

在讨论股票投资前，我们先要知道目前所有的股票投资流派，这些流派没有高下之分，只是理念不同，任何一个流派都能赚到钱，当然也都能赔钱。本书整理了一张图（见图4-1），我们可以按图索骥，一步一步去了解各种股票投资流派。

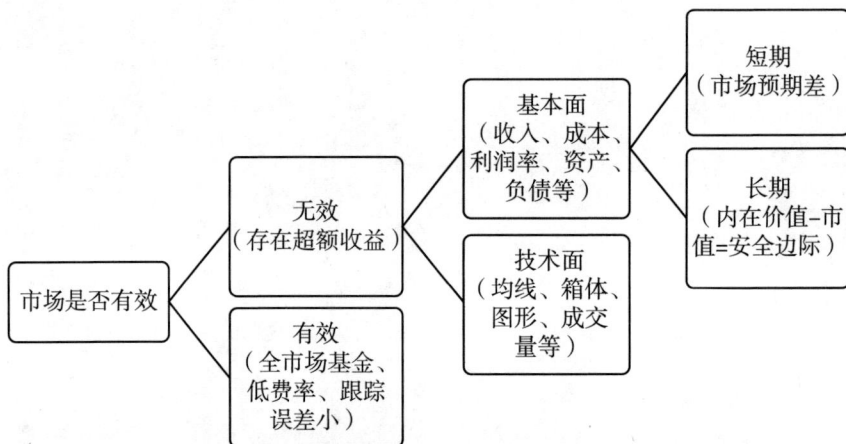

图4-1 中国散户常见的股票交易错误行为

股票投资最基础的问题，也是最重要的问题：股票市场是不是有效市场？这个问题无论是学界还是业界，至今都在争论不休，没有答案。所谓有效市场，就是说我们所有看到的股票价格，都是绝对正确的，在这个理论框架下，任何择时或选股都是毫无意义的，唯一正确的选择就是：买费率最低，跟踪误差最低的大盘指数基金。

如果认为市场是无效的，那就是说我们看到的股票价格有可能是错误的，在这个理论框架下，择时或者选股才有效果，基金经理才可能有价值，可能为投资人带来超过大盘的收益。

在如何跑赢大盘的方法论上，又可以分为两大流派：基本面和技术面。

市场有效和无效的争论，其实主要集中在学术界；但是技术面和基本面的争论，则是由两位已经过世的业界大师杰西·利弗莫尔（Jesse Livermore）和本杰明·格雷厄姆（Benjamin Graham）开创的。

1929 年 10 月 24 日（黑色星期四），美国股市的泡沫终于被戳破了，此后不到 1 个月的时间内，道琼斯指数就从 300 点跌倒了 200 点（11 月 13 日收盘价 198 点），跌了 33%，无数人破产跳楼，美国的经济大萧条开始了。这场大萧条在人类了历史上引起了巨大的波动：德国的失业率飙升，一个被边缘化的极右翼政党，在巨大的社会怨气中突然获得了 24% 的支持率，这个党的党魁成功进入德国政府高层；凯恩斯提出了用增加政府开支的方式渡过危机，罗斯福总统用凯恩斯的理论推出了"罗斯福新政"。凯恩斯成了继亚当·史密斯之后最具影响力的经济学家，凯恩斯的"政府干预市场"和史密斯的"政府不干预市场"形成了经济学的两大学派。

这场巨大的股灾也造就了两个证券行业的教父级人物：杰西·利弗莫尔和本杰明·格雷厄姆。

这两位教父级人物对于股票交易提出了截然相反的两个观点。

利弗莫尔认为股票投资者可以通过股票的价格走势，感受到市场情绪的变化，判断未来股票价格的走势，利弗莫尔经常独自一人，带着大量的交易图表和交易记录，复盘和修正自己的交易策略，并且成功依靠做空股市，成为令华尔街敬仰和钦佩的人物。利弗莫尔这一套理念，后来被统称为"技术分析"，利弗莫尔也是技术分析派的开山鼻祖。

格雷厄姆认为股票市场是不理智的，他把市场比喻成一个人：市场先生。市场先生每天都会对投资者持有的股票进行报价，有时候市场先生亢奋，报价会很高，有时候市场先生抑郁，报价会很低。所以投资者应该以股东的角度，去衡量股票所代表的企业内在价值，然后利用市场先生的不理智，在市场先生报价高于企业内在价值时，低价买入，等市场先生反应过来，报价高了，再卖回去，总之，买股票就是买企业。格雷厄姆这一套理念，后来被统称为"价值投资"，格雷姆也是价值投资派的开山鼻祖。

格雷厄姆的基本面流派下面，又可以分为两个流派：长期价值投资和短期价值投资。

长期价值投资算是比较传统的格雷厄姆派系，认为买股票就是买企业的一部分，但是股市短期是一个投票机（短期股价走势与公司基本面无关，完全由资金流动决定），长期是称重机（因为股市一般需要一定时间才能发现价值），所以应该计算股票的价值和价格，然后持有股票，并且预计价值回归需要一定时间，一般为2~4年。

短期基本面算是一种比较新颖的流派，在对冲基金和投行里比较流行，短期基本面流派认为与其计算公司的价值，并且等上几年，还不如专门寻找市场预期差，如果判断对了，那么很快就可以获利。举个例子：一家企业马上就要公布下个季度的财报了，市场预判企业该季度利润40亿元，分析师通过自己的分析，认为企业该季度利润是80亿元，提前买入，当企业公布了该季度利润80亿元，高于市场预期，价格上涨，基金经理卖出股票。

美国财政部前部长、高盛前主席罗伯特·鲁本（Robert Rubin）在自己的自传中讲述了自己是怎么做短期基本面的。乌尼维斯和贝迪两家公司宣布合并，宣布合并前，乌尼维斯的股价为24.5美元，在两家公司宣布合并后，乌尼维斯的股票交易价为30.5美元。如果合并成功，乌尼维斯公司每股股票将会升至33.5美元。如果合并没有成功，乌尼维斯公司的股票应该会跌到宣布合并之前的24.5美元。鲁本认为成功的概率为85%，失败的概率为15%。股票的预期价格为：

成功：$3 \times 85\% = 2.55$（美元）

失败：$-6 \times 15\% = -0.9$（美元）

所以，预期价值 $= 2.55 - 0.9 = 1.65$（美元）

　　合并成功与失败，3 个月就会见分晓，现在用 30.5 美元买入乌尼维斯的股票，3 个月后的预期收益为 1.65 美元。回报率为 1.65÷30.5= 5.4%，换算为年化收益率就是 23.4%（105.4% 的四次方）。

　　这就是股票投资的流派，再次重申，这些流派无所谓高下，都能挣钱，也都能亏钱。

◇

二、选择价值投资的理由

根据股票投资领域所有的流派，我们可以阐述为何长期价值投资是所有流派中最可靠的。

首先来讨论最基础的问题：市场是否有效？在回答这个问题之前，先讲个笑话：两个经济学家走在路上，看到了100元，其中一个想要弯腰去捡，另外一个拦住了他说：根据市场有效理论，如果这真的是100元，被人早就捡走了。

市场是否有效？笔者的答案：无效。打开标普500的年K走势图，美国标普500是把美国最大的500家上市公司打包到一起的一个指数，我们所熟知的美国公司例如苹果、微软、通用等都在里面。这个指数是股票行业最权威、最成熟的指数。标普500指数从1997~2000年，翻倍；2000~2002年，腰斩；2002~2007年，翻倍；2007~2009年，腰斩；2009~2020年翻了3倍。这个指数是500只美国最大的股票打包到一起的指数，如果我们看个股，波动性会更大。

塞斯·卡拉曼（Seth Klarman）在《安全边际》中指出，资本市场以前无效，现在无效，今后还将无效。之所以无效，是因为人的本性，这种本性根深蒂固，不可更改，而且是内在的。

保罗·萨缪尔森（Paul Samuelson）和罗伯特·默顿（Robert Murton）是一对经济学师徒，两人都是诺贝尔经济学奖得主，并且两人都是市场有效理论的倡导者。然而有趣的是萨缪尔森把很多自己的钱投给了倡导市场无效的巴菲特，并且赚了很多钱。而默顿却将自己的数学知识应用到了证券市场，参与创办了长期资本管理公司，最后因为杠杆太高而爆仓了。

有两位业界大师是市场无效理论的倡导者：

乔治·索罗斯（George Soros）：市场永远是错的。[1]

沃伦·巴菲特（Warren Buffett）：如果市场是有效的，我会被迫拿着锡纸杯流浪街头。[2]

在确认了市场是无效的之后，我们才有可能通过择时或者选股获取超额收益，这里又有一个分歧：技术面还是基本面？

讲个故事：

有一次打仗之前，将军给士兵说：只要冲锋得够快，就不会被子弹打中。结果一名士兵被子弹打中了，事后问将军为什么，将军说：那还用说？当然是你冲锋得不够快！

---

① Mark Perry, More evidence that it's really hard to "beat the market" over time, 90% of finance professionals can't do it, AEI, April 2020.

② Warren Buffett, 1994 Berkshire Hathaway annual general meeting.

这是一个循环论证的故事。所谓循环论证，就是因为 A 所以 B，因为 B 所以 A。例如，因为被打中所以说明跑得不快，因为跑得不快所以被打中。

所有的技术分析都是结果，过去的股价与未来的股价是没有关联的。所以基于过去的股价推测将来的股价，完全不靠谱。在那个例子中，被子弹打中这个结果和冲锋得快不快没有关系，用冲锋得快不快去检测是否被子弹打中，毫无逻辑。笔者曾经也有过一段时间比较信任技术分析（估计是绝大部分人都会走过的弯路），并且加入了一个技术分析群，后来发现群里每天发的东西，永远可以用三句话概括：（1）正如我昨天预测的那样；（2）建议做好高抛低吸；（3）明天的走势非常关键。

技术面不靠谱，那么唯一靠谱的就是基本面了，但是基本面也分短期基本面和长期基本面，这两者最大的区别：短期基本面需要判断市场情绪，而长期基本面则完全忽略市场情绪。如果投资者认为自己能够判断市场情绪，就可以做短期基本面，如果不能，这应该做长期基本面。

在讨论长期基本面和短期基本面哪一个效果更好之前，再讲一个笑话：

一个农场里有一群火鸡，农场主每天中午 11 点给它们喂食。火鸡中的一名科学鸡观察这个现象，一直观察了近一年的时间，于是它也发现了自己宇宙中的伟大定律："每

天上午 11 点，就有食物降临"。它在感恩节早晨向火鸡们
公布了这个定律，但这天上午 11 点食物没有降临，农场主
进来把它们都捉去杀了。

这个故事是英国哲学家柏兰特·罗素（Bertrand Russell）提出的，
后来也被科幻小说家刘慈欣写入著名的《三体》中。这个故事阐述
的道理就是：单纯依赖数据，不符合逻辑的结论是站不住脚的。技
术面分析和短期基本面分析，都是基于数据的结论而不是基于逻辑
的结论，所以是不可靠的。

所以股市投资唯一符合逻辑的投资流派就是长期基本面投资，
叫作价值投资，也叫作企业估值。

价值投资的基本理念：短期市场情绪无法判断，长期企业价值
可以衡量。

◇

三、股市的钱从 3 个地方来

股市的钱来自 3 个地方：

价值投资就是挣第 3 种钱。

（1）中央银行印的钱。中央银行印的钱指的是因为利率极低而导致的股票被高估。巴菲特曾经说过：美国国债利率相当于股票的地心引力。国债利率越高，股票估值越低，相反，国债利率越低，股票估值越高。[①]

举个例子：投资人预期一只股票一年收益率 14%，同时美国国债利息为 14%，那么一个理性的投资人应该是按照 1∶1 的比例去配置股票和债券。假设同样的一只股票一年收益率为 14%，同时美国国债利率为 2%，那么理性的投资者应该按照 7∶1 的比例去配置股票和债券，股票的权重变高，债券的权重变低。图 4-2 是美联储联邦利率走势，可以看到，从 1980 年达到 15% 的最高值之后，一路走低，在 2020 年新冠肺炎疫情期间，跌破了 2% 的最低值。相应的美股走出了波澜壮阔的 10 年大牛市，从 2010 年初的 1257 点，涨到 2020 年末 3756 点，整整涨了 200%。

---

① Warren Buffett，1994 Berkshire Hathaway annual general meeting.

图4-2 美国10年期国债长期走势

资料来源：Macrotrends 官网。

（2）"割韭菜"赢的钱。"割韭菜"赢的钱是俗称，专业称之为：超额收益，也就是超越大盘平均涨幅的收益。如果你一辈子不炒股，你就跑赢了 70% 的股民，这里的跑赢，指的是不亏钱。但是还有另一种衡量方法，就是是否能够跑赢大盘，如果你跑赢了大盘，就意味着一定有人跑输了大盘，所以从这个角度来看，股市是一个零和博弈。这也是为何沪深 300ETF 定投威力无穷，定投不参与这个零和博弈，而是获取大盘平均收益，永远立于不败之地（不胜之地）。无论用什么方法，不管是技术分析还是价值投资，只要能够跑赢大盘，就说明割到了韭菜。

（3）上市公司挣的钱，意思是买股票就是买企业，企业的利润，就是股票的收益。举个例子，一个上市公司 100 亿元市值，一年挣了 10 亿元，股票上涨 5%，变成了 105 亿元，分红 5 亿元，投资人得到了 10 亿元，投资人没有割到韭菜，没有享受中央银行的放水，收益完全来自上市公司的利润或分红。

同时，在做投资决策时候，如果是为了赚前两种钱，叫作把握市场情绪，如果是为了赚最后一种钱，叫作衡量企业价值。

股票一词，由两个字组成：股和票。"股"代表公司的股权，"票"代表交易的筹码。一个拥有股票的人，可以通过"股"和"票"的双重属性来获利；如果通过衡量公司价值来获利，那就是用"股"来获利；如果通过把握市场情绪来获利，那就是用"票"来获利。

价值投资的一个核心理念就是：股票是企业股权的一部分，要算出一个公司的"内在价值"，然后比较内在价值和企业当前价格的差价，内在价值减去市场价格的部分，就是安全边际，安全边际越大越好。在股票市场中，因为市场情绪的存在，一个企业的价格经常围绕这个公司的内在价值而上下波动。价值投资之父、巴菲特的老师本杰明·格雷姆（Benjamin Graham）曾经说过："市场在短期是一个投票机，长期是一个称重机。"企业的股价总是围绕着内在价值而上下波动，这给了价值投资者"高抛低吸"的机会（见图 4-3）。

安全边际

市场价格
内在价值

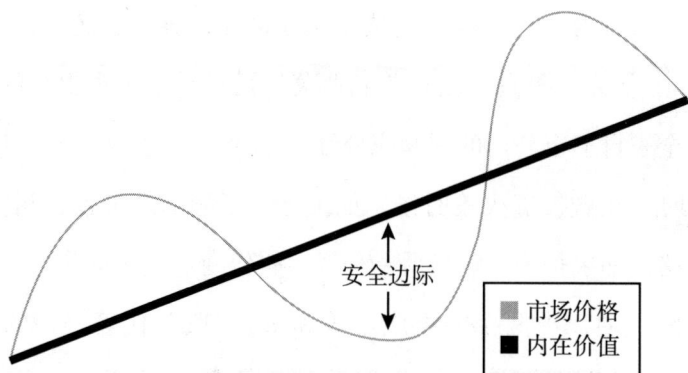

图4-3 安全边际的演示

　　至于股价是否有可能彻底偏离内在价值，著名投资人安德烈·科斯托兰尼[1]曾经讲过一个很生动的例子。他说股票价格与内在价值的关系，就像一个人牵着绳子在遛狗，小狗围着主人跑来跑去，有时候在主人前面，有时候在主人后面，但是无论怎么跑，它最终总会回到主人身边。

---

[1]　安德烈·科斯托兰尼：《一个投机者的告白》，地震出版社 2004 年版。

◇

四、价值投资的五个特点：不预测市场、逻辑自洽、主观、长期、逆向

（1）不预测市场。肯尼斯·阿罗（Kenneth Arrow）是美国经济学家、诺贝尔经济学奖得主。他曾经在第二次世界大战期间为美国空军预测 1 个月之后的天气。阿罗和同事们经过了长久的努力后认为，他们不可能预测到 1 个月后的天气，于是一起给上级打报告，希望停止做这件事情。然后得到了回复：将军知道你们的预测不准，但是将军依旧需要你们的预测报告，从而做出战略规划。[①] 做投资的时候，我们经常会听到一些言论，例如"基金经理们不去炒这只股票"，或者"该行业不受市场重视"等，这些都是一种预测市场的行为，因为价值投资专门针对企业进行估值，所以必然不预测市场。

（2）逻辑自洽：1592 年，一群荷兰商人发现一条从欧洲经过好望角到印度尼西亚的新航道。1595 年 4 月，由四艘船组成的船队配备 100 门以上的火炮，载着 10 万荷兰盾以上的银币、白银及许多商品，历经艰难困苦，花了 15 个月的时间抵达爪哇岛西部的万丹，并且在 1597 年 8 月回到荷兰，将通过贸易或武力得来的商品卖出，大赚了一笔。

---

① Against the Gods by Peter Bernstein, pp.203.

受到季风限制，许多船队几乎在同一个时间抵达东方，采买相同商品，导致当地进货价格飙升，将同样商品带回造成价格滑落，为了避免过度的商业竞争，荷兰的 14 家贸易公司合并，成为一家联合公司——荷兰东印度公司，在阿姆斯特丹股票交易所发行了世界上第一只股票。

这就是股票存在的意义：一个潜在能够赚大钱的机会（欧亚远洋贸易），同时面临着巨大的风险，所以大家一起出钱，共享收益，共担风险。价值投资所倡导的理念就是买股票、买企业，所以说价值投资逻辑自洽。

（3）主观：价值 – 价格 = 安全边际，安全边际越大越好。这是价值投资的基本理念。问题是：价值是没有客观标准的。净资产可以是价值，净利润可以是价值，收入增长可以是价值，客户忠诚度可以是价值，但是归根结底，价值必须由主观判断而来，这就是为何价值投资不是一门科学而是一门艺术。科学讲究的是客观性，沸水的温度比冷水高，这是客观事实，所有人都认可。然而腾讯控股和阿里巴巴谁的价值更高，却是一个见仁见智的事情。凡是艺术，都是主观的，如有人喜欢贝多芬，有人喜欢莫扎特，两位音乐巨匠不存在高下之分。价值投资也是主观的。

（4）长期：价值投资之父、巴菲特的老师本杰明·格雷厄姆（Benjamin Graham）曾经说过："股市短期是一个投票机，长期是一个称重机。"[1] 股票的内在价值被市场认可，普遍需要很长的时间，虽

---

① Benjamin Graham，Security Analysis，McGraw Hill，2009.

然也有运气好的时候，刚买入被市场低估的股票就马上涨起来的情况（笔者的最快纪录是海隆控股，2016 年 9 月 7 日，1.01 元每股买入，2016 年 11 月 18 日，2.05 元每股卖出，2 个多月翻了 1 倍），至于具体的时间可以参考一些投资大师的分析。巴菲特认为 3 年用不到的钱才能够投资在股市，巴菲特的师兄施洛斯的平均换手率为 25%，也就是说 4 年把所有股票换一遍。莫尼斯·帕波莱（Mohnish Pabrai）认为大部分价值投资会在 2~3 年内兑现，2 年后没兑现就应该思考止损。价值投资的长期特点，也决定了价值投资者的换手率普遍很低。换手率指的是平均一年的时间内交易股票的总量占整个基金总量的百分比。巴菲特的师兄、沃尔特·施洛斯（Walter Schloss）的换手率是 25%，也就是说 4 年才会把股票全部换一遍。因为价值投资关注的是企业长期价值，而企业长期价值被市场认可一般需要时间，平均而言 2~3 年，并且有一些高分红企业，如烟草企业（菲利普莫瑞斯，英美烟草等），分红再投资收益率非常高，但是估值始终上不去，所以价值投资者可以一直拿着。

（5）逆向：价值投资是不在乎市场情绪的，但是因为价值投资总是寻找最大的安全边际（价值 – 价格 = 安全边际），所以导致价值投资者总是逆向投资，格雷厄姆在价值投资的"圣经"《证券分析》开篇语就引用了贺拉斯（Horace）《诗艺》中的一句话：现在已然衰朽者，将来可能重放异彩；现在备受青睐者，将来却可能日渐衰朽。中国第一部国别体史书《国语》中，有这么一句话："贾人夏则资皮，冬则资絺，旱则资舟，水则资车，以待乏也"。翻译成白话文就是：商人夏天购买裘皮，冬天购买葛布；旱天购买船只，雨季购买车子，而等待物资缺乏的时候高价卖出。所有的生意本质上都是低买高卖，而价值投资就是以企业的价值为锚，低买高卖。

第五章
企业估值

◇

一、DCF（自由现金流折现模型）
——垃圾进、垃圾出

荒原资产管理公司创始人凌鹏先生讲过一个故事：曾经有一个有色分析员跟他说能够预测有色金属价格的走势，凌鹏先生很吃惊，因为如果能够预测有色金属的价格走势，就可以在期货市场上进行交易，很快就能发大财，于是问分析员怎么做到。分析员说做一个历史的回归数据分析，把伦敦金属交易所交易的有色金属价格用4个指标进行回归：经合组织的领先指标、美元指数、美元通货膨胀预期指数、伦敦金属交易所的该有色金属库存量。按照这4个指标回归出来的系数达到90%多，非常完美了。凌鹏先生进一步问道：怎么知道这4个指标怎么变化？怎么知道美元指数？怎么知道经合组织的领先指标？怎么知道美元通货膨胀预期？怎么知道库存？分析员说这是宏观的问题。于是凌鹏先生得出一个结论：这个模型最神奇的地方，就是把一个无法解决的问题变成四个无法解决的问题。芒格曾经说过一句很经典的话："如果我知道自己会在哪里死去，那我肯定不去那里。"这是一种逆向思维，这种逆向思维也可以应用在企业估值领域，在企业估值领域，有一种估值模型，应用面积广，随意性强，不准确，就是自由现金流折现模型（discounted cash flow，DCF）。[1]

自由现金流折现模型，就是把一个企业未来能够产生的所有现金流，折现到当下，得出一个企业的价值。这个模型需要两个输入量：（1）企业未来的自由现金流，这个未来指的是永远，也就是说需要预测一个企业未来10年或20年，每年的自由现金流。（2）折现率，折现率指的是将未来有限期预期收益折算成现值的比率。例如，把1万块存在银行定期1年，1年后得到10500元，折现率就是5%。

因为要主观判断两个几乎不可能判断的输入量，就导致自由现金流折现模型成了经典的：垃圾进，垃圾出。

首先，预测未来无限期的自由现金流是不可能完成的任务，即使只预测未来几期的现金流，其可靠性也非常可疑。互联网刚兴起的2000年，雅虎是流量的入口；最早进入中国的电商是易趣，在此之后才诞生了淘宝；曾经遍地都是诺基亚手机；十几年前五粮液和茅台并驾齐驱为顶级白酒品牌。所以说，预测一个企业未来的现金流，几乎不可能。这是马化腾历史上减持腾讯股票的记录[2]：

2005年7月12日～14日：马化腾共计减持股份比例为0.57%，达到1000万股，套现约6210万港元；

---

① 凌鹏：《周期的思维才是永恒的赛道》，国泰君安周期研讨会，2021年3月。
② 券商中国：《腾讯15年暴涨近400倍：马化腾、刘炽平连连套现 什么信号？》，新浪财经，2020年6月。

2008 年 5 月 26 日：马化腾减持 30 万股，其个人持股量降至 12.7%，套现金额超过 2017.2 万港元；

2008 年 6 月 2 日：马化腾持股比例降至 12.67%，减持 30 万股，个人套现超过 2070 万港元；

2008 年 6 月 4 日～6 日：马化腾 3 天共计套现约 4065 万港元；

2010 年 6 月 7 日：马化腾场外减持 500 万股，持股比例降至 11.2%，个人共计套现 5.135 亿港元；

2011 年 3 月 28 日：马化腾场外减持 200 万股；

2011 年 8 月 29 日：马化腾持股比例降至 10.33%，减持 500 万股，个人共计套现 7.216 亿港元；

2014 年 12 月 2 日～5 日：马化腾持股比例降至 9.87%，累计减持 2511.12 万股，个人共计套现 29.9 亿港元；

2015 年 4 月 9 日～10 日：马化腾持股比例降至 9.65%，累计减持 2000 万股，个人共计套现 32.2 亿港元；

2015 年 9 月 17 日～22 日：马化腾持股比例降至 9.37%，累计减持 2300 余万股，个人共计套现约 32 亿港元；

2015 年 11 月 28 日～30 日：马化腾持股比例降至 9.1%，累计减持 2500 万股，个人共计套现约 38.68 亿港元；

2016 年 7 月 14 日：马化腾减持 200 万股，个人共计套现 3.63 亿元；

2017 年 9 月 5 日～7 日：马化腾持股比例降至 8.69%，累计减持 200 万股；

2017 年 10 月 10 日～13 日：马化腾持股比例降至 8.63%，累计减持 600 万股，2017 年合共套现 21 亿港元；

2020 年 1 月 14 日～17 日：马化腾持股比例降至 8.53%；套现达 19.96 亿港元；

2020 年 6 月 9 日～12 日：马化腾持股比例降至 8.42%；套现 42.87 亿港元。

即便我们有办法能够确认某个企业当下有护城河，但是我们基本没有办法判断这个护城河会存在多久，2005 年的时候几乎没人能够判断腾讯会成长成为今天的庞然大物。高瓴资本的张磊是腾讯的早期投资者之一，并且重仓了腾讯，张磊在 2018 年接受采访的时候也承认，当时认为腾讯是被严重低估了，但是没想到腾讯能够做得这么大。

其次，现金流的折现率，一般是市场无风险收益加上风险溢价，得出一个数字，一般在 6%~12%。自由现金流折现模型对于折现率特别敏感，折现率一个百分点的变化，会导致企业估值结果的剧烈变化。如果折现率是 10%，那么每调整 1%，最终企业估值就会上下浮动 10%；如果折现率是 5%，那么调整 1%，最终企业估值就会上下浮动 20%。

最后，如此垃圾的估值模型，为何还会被广泛应用？

哥伦比亚商学院教授布鲁斯·格林沃尔德（Bruce Greenwald）曾经一语道破天机：自由现金流折现模型，能够让做模型的人，得到任何想要的企业估值。

◇

二、企业估值中的神奇数字：10%

世界上有很多有趣的"神奇数字"，例如，自然界的黄金分割（0.68），半导体行业的摩尔定律（2年1倍），《生活大爆炸》中谢尔顿最喜欢的73。

企业估值中，也有一个神奇的数字，就是10%的股东回报率（股东回报率＝当年利润/股东权益）。

笔者曾经做过一个有趣的实验，完全随机从彭博金融终端里面取一个企业历年的股东回报率，调出来了几千只股票，股东回报率数据有几十万个，然后计算这些数据的平均数，是10%，再计算中位数，还是10%！

美国标普500指数是把美国股市最大的500只股票打包到一起的指数，苹果、谷歌、微软、通用汽车、标准石油等所有大众熟知的美国企业都在其中，并且是目前世界上历史最久的指数，从1890年到2020年12月31日，120年中，年化回报率，正好是10%！

这两组数据互相印证：如果说所有股票的平均股东回报率都是10%，那么持有大盘指数，放到百年时间尺度上，回报率也必然是10%。更有趣的是，所有股票的股东回报率，都在向着10%这个数字移动，高于 10% 的企业，股东回报率会减少，低于 10% 的企业，股东回报率会增加，这个强大的规律叫作：均值回归。

价值投资的开山鼻祖，巴菲特的老师本杰明·格雷厄姆在《证券分析》中，开篇引用了古希腊诗人贺拉斯《诗经》里面的一句话：现在已然腐朽者，将来可能重放异彩；现在备受青睐者，将来可能日渐腐朽。

均值回归现象不只存在于企业股东回报率，而是一种普遍规律，如运动天赋：身高 1.98 米的乔丹，两个儿子身高 1.85 米和 1.91 米，两个儿子的篮球水平连 NBA 的门槛都跨不过去。

基于均值回归现象，就出现了两种企业估值思路：

（1）分析当前股东回报率低于 10% 的企业，何时会回归 10%，这一类股票被称为价值股、周期股，如中煤能源、江西铜业等。

（2）分析当前股东回报率高于 10% 的企业，能维持多久不回归 10%，这一类股票被称为成长股、明星股，如微软、腾讯等。

注意对于成长股和价值股的定义必须要结合时间，本书举出了几个成长股作为例子，都是当下时间（2021 年初）的成长股。这是因为根据时间节点的不同，同一只股票既可以是成长股也可以是价值股。例如：中国石油，2007 年 11 月 5 日上市时，市场把中国石油定义为成长股，但是随着中国石油股东回报率下跌，市值下跌，它就逐渐跌成价值股了。

假设一个社会上，有 2 个企业，A 企业生产裤子，净资产（股东权益）1 亿元，每年净利润 500 万元，股东回报率 5%；B 企业生产手机，净资产（股东权益）1亿元，每年净利润2000万元，股东回报率20%。因为B企业的股东回报率高于A，资本会离开回报率低的A企业，进入回报率高的B企业，同时因为A企业规模变小了，生产的裤子少了，推高了裤子的价格，导致A企业净利润提高，股东回报率提高；资本进入的B企业规模变大了，生产的手机多了，压低了手机的价格，导致B企业净利润降低，股东回报率降低。这就是经济学中的市场均衡理论，也被称为完美竞争理论：任何一家企业，如果股东回报率低于市场平均，这家企业的资本会流出，抬高股东回报率；任何一家企业如果股东回报率高于市场平均，这家企业的资本会流入，降低股东回报率。打个比方，一盆水里面投进去一块石头，水会起涟漪，但是水面慢慢会变平。（请参考文章"所有的黑科技，最终都是面包机"。）

虽然市场均衡理论存在，所有的资本也都会想办法涌入赚钱的企业，但是事实上还是有企业能够持续不断地获得高于10%的股东回报率（腾讯、茅台、阿里巴巴等），就是因为这些企业拥有护城河。

◇

三、哪里容易发现被低估的股票

小市值公司：小市值公司普遍不被卖方分析师和机构投资者关注，这个世界上少说有 500 个分析师在分析腾讯控股，多 1 个人分析腾讯控股，发现价值的概率不高；反之，这个世界上分析港股 10 亿市值的分析师估计不超过 5 个，多 1 个分析师能够发现价值的概率就会大大提高。小市值公司的财务报表容易阅读，业务容易理解，上下游企业数量少，分析小市值公司，从时间角度而言，性价比很高，但是从资金角度而言，性价比却不高，所以适合小规模资金，巴菲特曾经说过，他早期的收益率更高（平均年化35%），最主要的原因就是资金量小。

金融制裁：当某个企业遭到金融制裁之后，很多机构投资者因为投资管理协议的限制，必须卖出该股票，不论这只股票是否有价值。例如 2018 年 4 月，俄罗斯铝业被制裁，导致大量的机构抛售，并且缺乏买盘，导致俄罗斯铝业跌到了 1.31 港元每股，后来抄底俄罗斯铝业的投资者，短短一年时间内股价就从底部涨了 3 倍。[①]

企业拆分：上市企业把某个业务分拆出去上市，一般分拆出去的企业体量较小。很多机构投资者的投资管理协议中，不允许持有

---

① 《俄铝被美国制裁后暴跌 70% 它到底是家什么公司》，新浪财经，2018 年 4 月。

小市值股票，并且很多机构投资者的投研体系覆盖中，也不包括小市值股票（小市值股票成交量小，导致交易冲击成本高），导致机构投资者在拿到分拆的份额之后，不会去花费时间分析企业价值，直接在二级市场抛售。事实上，一般被分拆出来的企业，普遍是行业中竞争力较强，管理层水平较高的。宾夕法尼亚州立大学做过一项关于企业分拆的数据研究，1963~1988 年的 25 年中，被分拆出去的企业在独立后的前 3 年，平均每年跑赢同行业公司 10%，有趣的是，被分拆企业的母公司，也在同时期每年跑赢同行业公司 6%。

内部人士大量增持：内部人士指的是上市企业的股东、董事、监事或高级管理层，这些人对于上市企业的了解比市场更加丰富，所以当这些人肯拿出真金白银去买自家企业的股票，说明该企业是被低估了。特别需要指出的是，内部人士减持不是卖出股票的理由，因为减持的原因太多了，例如，优化家庭资产配置、买房、买车、离职等，但是内部人士大量增持的原因通常只有一个。

结构复杂，业务杂乱：这种企业普遍不受卖方分析师和买方机构投资者的欢迎，因为分析起来太麻烦了，容易出现投资价值。

指数调仓：市场上有很多被动基金（ETF）跟踪指数，当某些股票被调出或者减少权重后，会有大量的被动基金，完全不顾价值地抛售该股票，为价值投资者创造机会。

破产清算：企业的破产程序包括两个重要的步骤：（1）破产前最后的自救努力，企业为了避免破产，会竭尽全力地寻求外部资金援助，并且给出极其优惠的条件，如 2008 年高盛面临破产威胁，向巴菲特求救,并且开出了非常优惠的条件,巴菲特事后大赚了一笔。[①]

（2）企业开始走破产程序，这个时候会产生大量的机构强制卖盘，例如，机构投资者的风控部门要求投资部门卖出已经开始走破产清算的企业股权或者债权。

重大丑闻：当企业被重大丑闻缠身的时候，经常会导致个人投资者出于对企业的道德审判而抛售股票，机构投资者也会因为投资管理协议的限制而被迫出售股票。

道德污点：很多机构投资者投资管理协议中要求不得投资于有道德污点的上市企业，如博彩行业、烟草行业等。

---

① Karen Doyle，Warren Buffett Invested $5B in Goldman During the 2008 Crisis. What's It Worth Now?，Yahoo Finance，September 2018.

◇

四、股息率高好处多多

股息率高的好处有以下四个方面。

（1）上市企业的利润有很大的调整空间，例如费用资本化，就可以用来调整企业的利润。如果企业有高分红比例，说明企业更有可能隐藏利润而不是夸大利润。举个例子：这是美国铁塔（Ticker：AMT）2012~2020年的利润和分红，我们会发现一个有趣的现象：美国铁塔经常分红金额高于利润（见表5-1）。

表 5-1　　　　　　　美国铁塔历年的净利润和分红

年份	净利润（亿美元）	分红金额（亿美元）	比例（%）
2012	6.37	3.55	56
2013	5.51	4.35	79
2014	8.01	5.54	69
2015	9.22	7.55	82
2016	8.49	5.95	70
2017	11.52	11.2	97
2018	12.27	13.89	113
2019	18.88	16.72	89
2020	16.91	20.09	119

资料来源：美国铁塔年报。

这种现象违反直觉：一家企业怎么可能给股东分红的金额高于这家企业的利润呢？答案就在于：真实利润和报表利润是不一样的。这就要从美国铁塔的经营模式来说了，美国铁塔的经营模式就是收租：一片地上建一座电塔，电塔租给电信运营商（中国移动、中国电信、中国联通），买地建电塔的时候，需要支出大量的资本，这些资本转化为财务报表上的固定资产，每年都必须要折旧，这是中国铁塔的折旧准则（美国铁塔和中国铁塔的经营模式相似）（见表5-2）。

表 5-2 中国铁塔折旧准则

分类	预计剩余价值（%）	预计可使用年期
楼宇	3	30 年
铁塔及配套设备	0~3	10~25 年
机械及电子设备	3	5~7 年
办公设备及其他	3	5~6 年

资料来源：中国铁塔年报。

注意其中的一项：楼宇。按照中国铁塔的折旧准则，楼宇每年价值减少（100%-3%）/30= 3.23%，也就是说2011年花了1亿元买了一栋楼，2020年这栋楼在财务报表上面值6770万元，这显然是不合理的，并且折旧的开支并不是企业真实的开支，不影响企业的现金流。所以导致中国铁塔和美国铁塔的现金流远高于利润，而更多的现金流就可以以分红的方式回馈给股东。所以说：高分红企业，隐藏利润的概率更高，夸大利润的概率更低。

（2）企业未来发展较平稳，资本开支较少。企业的发展总是需要持续的投资，敢高分红的企业，说明企业对未来发展比较有信心。

（3）企业钱多了就会瞎折腾，轻者铺张浪费，更可怕的是开始进行战略投资、上下游布局、多元化发展，这些动作普遍都是给股东带来亏损的。

（4）当企业的市净率小于1，高分红相当于清算了公司一部分的资产，所以分红比例越高，股东得到的收益就越高。

举个例子，一个上市企业净资产100亿元，市值50亿元，市净率是0.5，并且保持不变。如果当年净利润10亿元，如果不分红，企业净资产变成了110亿元，市值55亿元，股东资产增值5亿元。如果当年净利润10亿元，分红5亿元，净资产变成105亿元，市值52.5亿元，股东拿到5亿现金，共得到57.5亿元。如果当年净利润10亿元，分红10亿元，企业净资产维持100亿元，市值50亿元，股东拿到10亿元，共得到60亿元。所以说，低市净率企业，分红比例越高，投资者得到的就越多（见表5-3）。

表5-3 市净率低于1，分红比例越高，股东回报越高　　　单位：亿元

分类	不分红	50% 利润分红	100% 利润分红
期初净资产	100	100	100
期初市值	50	50	50
当期利润	10	10	10
当期分红	0	5	10
期末净资产	110	105	100
期末市值	55	52.5	50
股东收益	55	57.5	60

资料来源：作者绘制。

◇

五、CAPE 因子在 A 股的回测研究

在投资领域中，市盈率（PE）是一个非常有效的指标，它表达的是这只股票当前的总市值除以过去 12 个月的利润总和。一般情况下，这个倍数越低，投资者获得的潜在回报率就越高。但是在实际商业情况下，一个公司的净利润波动性很大，导致这个数据的可靠性不足。美国的著名投资者本杰明·格雷厄姆曾经提出过用一个公司过去 10 年的净利润来审视这个公司的盈利能力，但是格雷厄姆只是提出了这个理论，并没有去做数据工作。后来美国耶鲁大学教授罗伯特·席勒教授在格雷厄姆的理念之上，做出了一个衡量公司价值的指标，这个指标的方法是将一个公司过往 10 年的平均净利润用 CPI 调整至目前的估值，然后用公司的总市值去除以这个调整后的平均利润。席勒教授给这个指标起名为：周期 PE（cyclical adjusted price earning，CAPE），同时这个指标也被称为席勒 PE（Shiller PE），10 Year PE（10 年 PE）。在本书中我们称这个指标为 CAPE。

席勒教授的主要研究兴趣是美国市场，并且席勒教授的研究成果表明 CAPE 在美国市场的效果非常好。这篇文章的目的是验证 CAPE 在中国沪深市场的效果。

1. 方法

本书中所使用的数据全部来源于万德（Wind）。

我们的回测时间为2006~2016年，中国证监会要求上市公司最晚在每年的4月15日发布当年的公告，所以我们将调仓日期定为每年的5月1日。

我们调出中国1996~2015年的CPI，然后将一个公司的过往10年净利润分别按照过往10年的CPI调整为选股年份前一年的现值。然后算出每一个公司的CAPE，我们将沪深交易所有CAPE为正的股票进行排名，将CAPE最低的100只股票选出，等权买入，持有至第二年的5月1日，然后再一次进行调仓。

每一次调仓我们会比较这只股票在此年中的前复权股价，然后计算出CAPE策略在过去1年的回报率，并且与沪深300进行比较。

2. 回测结果

回测结果如表5-4所示。

表5-4　　　　　　　　CAPE因子回测结果

年份（5月第一个交易日）	指数	指数涨跌幅（%）	组合当年回报（%）	年化阿尔法（%）	调仓日组合CAPE	假设投入1元回报（指数）	假设投入1元回报（元）
2006	1218.45	34.02				1	1
2007	3686.03	202.52	262	59.07	13.8257	3.02518	3.615883
2008	4055.78	10.03	2	−7.67	37.80015	3.328639	3.701387
2009	2714.3	−33.08	−20	12.75	28.49212	2.227666	2.949032
2010	3019.45	11.24	45	33.84	20.60902	2.478107	4.278521

续表

年份（5月第一个交易日）	指数	指数涨跌幅（%）	组合当年回报（%）	年化阿尔法（%）	调仓日组合CAPE	假设投入1元回报（指数）	假设投入1元回报（元）
2011	3211.13	6.35	7	0.56	23.71021	2.635422	4.573992
2012	2683.49	−16.43	−24	−8.06	20.3054	2.20238	3.453689
2013	2449.64	−8.71	−10	−0.91	14.24144	2.010456	3.121445
2014	2156.47	−11.97	1	12.67	11.31228	1.769847	3.143316
2015	4787.74	122.02	142	19.94	9.260939	3.929369	7.60552
2016	3213.54	−32.88	−25	7.80	18.29968	2.6374	5.697978
平均值		5.05	16.73	11.68			

资料来源：作者绘制。

3. 结论

通过历史数据的回测，我们发现 CAPE 不单在美国股市有明显的超额收益，在中国大陆股市也有明显的收益。如果在 2006 年 5 月 1 日买入中国大陆股市的基准指数沪深 300，那么在 2016 年 5 月 1 日共获得回报为 164%，年化回报为 5.05%；如果在 2006 年 5 月 1 日按照 CAPE 策略买入股票，那么在 2016 年 5 月 1 日共获得回报为 470%，年化回报率为 16.73%。

同时使我们更加欣慰的是随着时间的推移，CAPE 策略的稳定性变得越来越强，相比于指数的阿尔法更加稳定，这表明中国大陆股市在随着时间的推移而更加具有理性。

◇

六、费用资本化

费用就是企业花出去的钱，资本就是企业的资产，化就是转化为。所以费用资本化的通俗化解释为：企业花出去的钱，变成了企业的资产。举个例子：企业花了 1 亿元买了一栋办公楼，钱虽然没了，但是企业多了一栋办公楼。企业 1 年给所有员工发了 1 亿元的工资，钱没了，并且不会变成企业的资产。前者就是费用资本化，后者不是。

费用资本化存在在财务会计上，是因为费用如果不资本化，就会计入利润表，无法真实反映企业的利润。举个例子：一家企业的产品热卖，当年赚了 5 亿元，管理层决定花 10 亿元，买厂房买设备，扩大生产，如果这些开支直接计入利润表，企业当年利润就会变成亏损 5 亿元，这显然是不合理的，所以这些开支就会计入为资本开支，资本化为企业资产，企业当年利润就是 5 亿元。土地、厂房、设备等资本化是很正常的，但是有一些费用资本化就有商榷的余地了。

1. 研发费用资本化

一般来说，研发费用占比较高的科技和医药企业会存在研发费用资本化的问题。

打个比方说，某大型医药公司，投资了 10 亿美元，去研发一种新型靶向药物，一旦研发成功，能够获得 10 年的专利生产权，每年能够赚 3 亿美元。

这些企业对于这部分的研发投入，回报能有多少也不知道，于是通常会把部分研发费用资本化处理。被资本化的这部分研发费用，会以无形资产的方式存在。

不同的企业，对于研发费用资本化的比率不同。

财务保守一点的企业，资本化率会比较低，比如投入 1 亿元，只算 2000 万元作为资本，剩下 8000 万元就当作支出了。

财务激进一点的企业，资本化率比较高，比如投入 1 亿元，算 8000 万元作为资本，剩下 2000 万元作为支出了。账面支出少了，当期利润自然就好看了。

表 5-5 是 A 股医药公司龙头恒瑞医药 2019 年的年报，恒瑞医药当年支出研发成本约 39 亿元，没有资本化 1 分钱。对于医药企业来讲，研发支出的费用在未来会为企业创造利润，所以将部分研发费用资本化是很正常的，但是恒瑞医药把研发支出全部费用化处

表 5-5　　　　　　　　恒瑞医药研究费用资本化情况

本期费用化研发投入（元）	3896335998.91
本期资本化研发投入（元）	—
研发投入合计（元）	3896335998.91
研发投入总额占营业收入比例（%）	16.73
公开研发人员的数量（人）	3442
研发人员数量占公司总人数的比例（%）	14.09
研发投入资本化的比重（%）	—

资料来源：恒瑞医药年报。

理，就相当于当年的利润表少计入了利润，并且资产负债表中也少计入了资产，所以投资者应该给恒瑞医药相应更高的估值。

2. 利息费用资本化

中国的新房销售普遍采用预售制。地产项目开工后，就开始销售，客户把钱打给地产企业，得到预售房，等到 2 年后（一般是 2 年）房子盖好了，地产企业把房子交付给客户。地产企业收到客户的购房款之后，不能把购房款算入收入，而是要放到资产负债表中的"合同负债"一栏，代表地产企业已经收到了客户的钱，但是还没有交付房子，所以根据预售房合同，欠客户的钱。等到 2 年之后，房子交付给客户了，地产企业才能够将客户支付的购房款算入利润，这样就导致了地产企业当年的利润，其实是 2 年前的利润。

这样的会计准则，导致地产企业的利润失真，因为地产企业当年的收入，其实是 2 年前的，而当年的利息费用，则是当年支出的。举个例子：地产企业 2018 年开发一个楼盘，贷款买地盖房，并且开始销售，2018 年贷款的利息费用 2 亿元，2018 年就需要支付，但是 2018 年预售房得到的钱，却要等到 2020 年才能计入收入，这就导致地产企业卖出去的房子越多，当期的利息费用就越高，利润就越低。针对这种利润表失真的情况，地产企业会把部分利息费用资本化，不计入当期利润，而是资本化为存货（房子）。在以上例子中，假设该地产企业决定利息费用资本化 50%，也就是把 2018 年 2 亿元的利息费用，资本化 1 亿元，那么该企业 2018 年的资产负债表中"存货"一栏，会增加 1 亿元，这样地产企业 2018 年的利润就会增加 1 亿元。

A 股地产企业龙头万科的利息费用资本化比例较低，2019 年利息费用 140 亿元，只资本化了 57 亿元，相当于利息费用的 41%，这种做法有点类似于"隐藏利润"。

案例 5-1 万科费用资本化情况

本集团通过公司债券、超短期融资券、中期票据等融资工具持续优化债务结构、降低融资成本，提升公司对财务风险的防范能力。

凭借良好的市场信用，本集团境内外资本市场发行得到各类金融机构认可。报告期内，本集团分两次完成总额为 45 亿元住房租赁专项债券发行，发行利率分别为 3.65% 和 3.55%；完成 5 亿元超短期融资券发行，发行利率 3.18%；此外还完成多次美元中期票据发行，最低票面利率为 3.15%。

报告期内，本集团实际利息支出合计 139.6 亿元，其中资本化的利息合计 56.9 亿元。

资料来源：万科年报。

在万科后面的保利地产，则利息费用资本化比例较高，2019 年利息费用 133.6 亿元（约 2700 亿元融资总额，乘以 4.95% 平均融资成本，利息费用约 133.6 亿元），资本化了约 99.7 亿元，相当于利息费用的 74.6%（见表 5-6）。

表 5-6   保利地产费用资本化情况

期末融资总额（万元）	整体平均融资成本（%）	利息资本化金额（万元）
27004930.90	4.95	997146.35

资料来源：保利地产年报。

费用资本化是一个可以方便调节企业利润的手段。

通过费用资本化率，也可以看出一家企业的盈利质量如何。同时过高的研发费用资本化率的企业，我们需要注意。表 5-7 是著名的乐视网 2015 年的年报，研发费用资本化约占比 60%，是当年净利润的 337.09%。

表 5-7   乐视网费用资本化情况

类别	2015 年	2014 年	2013 年
研发人员数量（人）	1519	1023	406
研发人员数量占比（%）	31.10	29.20	21.00
研发投入金额（元）	122412043718	805571804.76	373971798.29
研发投入占营业收入比例（%）	9.40	11.81	15.84
研发支出资本化的金额（元）	731874814.33	482539370.55	202575271.20
资本化研发支出占研发投入的比例（%）	59.79	59.90	54.17
资本化研发支出占当期净利（%）	337.09	374.65	87.17

资料来源：乐视网年报。

◇

七、寻找价值类股票

企业估值的方向有两个：

（1）分析当前股东回报率低于 10% 的企业，何时会回归 10%，这一类股票被称为价值股、周期股。

（2）分析当前股东回报率高于 10% 的企业，能维持多久不回归 10%，这一类股票被称为成长股、明星股。

寻找价值类股票：

市净率：企业市值 / 企业净资产，这个数据越低越好。

市储备率：企业市值 / 企业储备（在 A 股，这个数据为企业净资产 – 股本），这个数据越低越好。[①]

10 年市净率分位点：当前市净率在过去 10 年中处于什么位置，这个数据越低越好。

市盈率：企业市值 / 企业当年净利润，这个数据越低越好。

复合市盈率：企业过去 10 年复合股东回报率 / 市净率，这个数据越高越好。

股息率：当年派息总额 / 企业市值，这个数据越高越好。

[①] 此数据来源于美国会计学教授雷·鲍尔（Ray Ball）。

复合股息率：过去 10 年派息总和 / 企业市值，这个数据越高越好。

市现率：企业市值 / 当年经营现金流，这个数据越低越好。

复合市现率：过去 10 年经营现金流总和 / 企业市值，这个数据越高越好。

市自率：企业市值 / 当年自由现金流，这个数据越低越好。

复合市自率：过去 10 年自由现金流总和 / 企业市值，这个数据越高越好。

派息比例：过去 10 年企业派息总和 / 过去 10 年企业净利润总和，这个数据越高越好。

经营现金流 / 净利润：过去 10 年企业经营现金流总和 / 过去 10 年企业净利润总和，这个数据越高越好，100% 是及格线。

自由现金流 / 净利润：过去 10 年企业自由现金流总和 / 过去 10 年企业净利润总和，这个数据越高越好，这里夸一下 A 股股王贵州茅台，自由现金流净利润比例常年超过 100%。

资产负债率：1-（股东净资产 / 总资产），这个数据越低越好，50% 是一条红线，这代表企业股东所拥有的净资产低于企业总资产，金融企业除外，因为负债就是金融企业的主营业务。企业越大，资产负债率高越能够接受；企业越小，资产负债率高越不能接受。净资产千亿的央企，即便是负债率达到 80%，也比一个资产负债率 60%，净资产只有 10 亿元的小企业要安全。

流动资产 / 流动负债：这个数据越高越好，100% 是一条红线，这说明企业 1 年内要偿还的负债总额超出了企业账面上 1 年内能够变现的资产。

破流比例：（流动资产 − 总负债）/ 企业市值，这个数据很有趣，是格雷厄姆非常喜欢用的数据，表示企业 1 年内能够变现的资产，减去 1 年内需要偿还的负债之后，剩余的资产和企业当前市值的比例，如果大于 150% 的话，就说明企业具有深度价值。

资本开支 / 收入：过去 10 年的资本开支比收入在提高还是降低，正常的企业，这个比例是比较稳定的，如果在走高，说明企业得投入更多的资本来维持收入；如果走低，说明企业可以投入更少资本来维持收入。

存货 / 收入：过去 10 年的存货收入比在提高还是降低，正常的企业，这个比例是比较稳定的，如果在提高，说明企业存货积压；如果在降低，说明企业周转率在提高。

三费 / 收入：过去 10 年企业的三费支出（财务费用、销售费用、管理费用）占收入的比例，正常的企业，这个比例是比较稳定的，如果在走高，说明企业的管理效率在降低，如果在走低，说明企业的管理效率在提高。

企业回购：企业在过去 1 年回购股票占总股本的比例，这个数据越高越好。

内部人士增持：企业内部人士过去 1 年增持股票占总股本的比例，这个数据越高越好。

企业融资：过去 10 年企业融资行为，特别要注意是否发生过低价增发、给大股东管理层低价派发股权，低价派发可转债等有损小股东利益的恶劣行为。这种事情在 A 股比较少见，但是在港股非常普遍。

价值类股票股价的底部通常是低市净率高市盈率（甚至是负市盈率），然后股价开始上升。在股价上升一段时间，并且行业反转也反映在了财务报表上面之后，成为了较低市净率低市盈率，股价还会继续上升。直到成为了高市净率低市盈率股票之后，股价开始下跌，并且行业再次进入产能过剩等困境。

寻找价值股的时候，要遵循这三个基本原则：

（1）寻找已经存在了很久并且还会依旧存在的行业，"创新型业务"是价值股的大敌。

（2）寻找业务简单，并且不容易发生变化的行业，"变化"也是价值股的大敌。

（3）寻找陷入了困境，并且不被看好的行业，只有这样的行业才会出现非常低的估值。

◇

八、价值投资为何要回避高负债企业

价值投资的鼻祖，格雷厄姆曾经给出过一个非常简单的公式：不要买净资产/总资产比例小于 50% 的公司，也就是说只买净资产高于总负债的公司。

价值投资的集大成者——巴菲特曾经谈过自己喜欢购买的企业其中一条就是：没有负债或很少负债。

价值投资就是给企业估值，企业估值具体有三种价值：清算价值、盈利价值和成长价值。一般高负债企业普遍没有成长价值，因为成长价值说明企业具有护城河，而具有护城河的企业普遍不会有高负债率，如茅台、腾讯等。

计算清算价值的公式为：总资产清算价值 – 总负债 = 清算价值。其中总负债是不变的，但是总资产清算价值在计算的过程中会出现偏差，在负债不变的情况下，这种偏差是很致命的。举个例子：A 企业总清算资产 1000 亿元，负债 900 亿元，清算价值 100 亿元，当前市值 50 亿元，假设总清算资产计算误差上下 10%，上限 1100 亿元，下限 900 亿元。如果是下限，那么 A 企业没有清算价值，所以投资亏光，如果是上限 A 企业清算价值为 200 亿元，是市值的 4 倍，安全边际为 300%，所以投资 A 企业的回报波动为 –100% 到 300%；

B 企业总清算资产 100 亿元，负债无，清算价值 100 亿元，当前市值 50 亿元，假设总清算价值计算误差上下 10%，上限 110 亿元，下限 90 亿元，如果是上限，安全边际为 120%，如果是下限，安全边际为 80%，所以投资 B 企业的回报波动为 80%~120%。相比较而言，B 企业的容错率要明显更高。

盈利价值也有同样的问题，企业盈利价值等于合理利润 / 资金成本。其中资金成本包括两部分：净资产和总负债，当一个企业资产负债率很高的时候，借贷利率的提升会造成公司净利润的大幅度下降，并且高资产负债率企业融资难度更大，还会面临流动性危机。举个例子：A 企业总资产 1000 亿元，总负债 900 亿元，净资产 100 亿元，净利润 10 亿元，负债利息 10%，财务费用 90 亿元，如果 A 企业的负债利息提高 1%，那么 A 企业的财务费用会增加 9 亿元，净利润会从 10 亿元变成 1 亿元。B 企业总资产 150 亿元，总负债 50 亿元，净资产 100 亿元，净利润 10 亿元，负债利息 10%，财务费用 5 亿元，如果 B 企业的负债利息提高 1%，那么 B 企业的财务费用会增加 0.5 亿元，B 企业的净利润会从 10 亿元变成 9.5 亿元。明显低负债率的 B 企业抗风险的能力更强，容错性更强，安全边际也更大。

无论看清算价值还是看盈利价值，低负债率的企业容错空间都更大，所以价值投资应该回避高负债企业。

◇

九、清算价值

价值投资，就是计算一家企业的价值，然后比较企业当前的市值，价值－市值＝利润或者安全边际。

企业的价值，可以进一步拆分为三种价值：清算价值、盈利价值和成长价值。

如果一家企业的业务或者行业处在逆境状态下，说明这家企业无法使用资本去产生应有的收益（10% 的股东回报率），那么这家企业只有清算价值，没有盈利价值或者成长价值。如果这家企业在正常地经营，但是没有护城河，那么这家企业具有盈利价值；只有具有护城河的企业，才具有成长价值。

清算价值就是把公司彻底清算后能够得到的现金，一个公司的清算价值减去公司市值就是清算价值的安全边际，这个安全边际越大越好。从理论上来讲，企业的净资产（股东权益）就应该是公司的清算价值，但事实上净资产和清算价值会有极大的出入。举个例子：港股上市企业百盛集团（代码：3368）是一家主营零售的企业，2010 年在北京买了一个商场，并且计入固定资产内，2016 年 11 月 1 日把这个商场卖掉了，在卖出前的财报上，这个商场作为固定资产的价格为 4 亿元，然而实际上卖出的价格却高达 16.7 亿元，原因就在于 2010~2016 年的 6 年间，北京的房地产价格一直上涨，而百盛集团却并没有把这个商场价格上涨计入利润中。所以说企业净资产和清算价值，有可能产生极大地差距，所以才有计算清算价值的必要性。[①]

有些情况下，计算出来的清算价值很高，但是却无法兑现。例如，企业实际控制人不愿意或者无法实现清算价值，香港很多老家族，第一代担心第二代无法接班，导致家族资产流失，会选择把家族资产变成相对稳定的固定资产，如办公楼、商场等，然后把这些固定资产装到一个信托中，仅允许后代享受收租的权力，不允许后代卖出这些固定资产。这种情况下，即便清算价值高出市值很多，也没有意义，因为无法清算。再如有些港股"老千股"，大股东和管理层从一开始就处心积虑地坑害小股东，像这种情况下，即便清算价值高出企业市值很多，也不能够投资。

购买清算价值低于市值的企业，还应该注重是否有"催化剂"，"催化剂"指的是企业潜在的变动，导致企业的清算价值被实现。例如，成为了潜在并购目标，企业实控人病危（这个现象在发达国家存在，老一辈企业家病逝，孩子们为了分家，会把企业变现分家，能够快速地实现企业的清算价值。），主动管理者开始买入企业股票。

计算清算价值主要用到资产负债表（资产负债表是分析企业的三表中最可靠的，利润表和现金流量表都是"动态表"，需要把过去

---

① 《百胜集团 2017 年年报》，港交所，2017 年。

5~10 年的表放到一起才能做出可靠的分析，资产负债表则不同，当年的资产负债表就能够给出大量信息）。从第一栏"现金"开始，现金是最容易理解的清算价值，企业账上有 1 亿元现金，清算价值就是 1 亿元。随着资产负债表逐步向下走，计算的难度开始逐步增加，无形资产是最难估算清算价值的，分析师必须具备极其丰富的行业知识才能够计算出无形资产的清算价值。

除了现金和现金等价物，很多企业的短期投资，例如 3 个月银行理财，清算价值都是 100%。

应收账款：如果企业所处的行业没问题的话，企业应收账款的清算价值一般在 95% 以上，因为即便企业被清算，应收账款追收回来的概率还是极高的。如果是计算重置价值（把同样的资产生产出来需要的价格，重置价值可以作为参考来计算清算价值），甚至会高于 100%，这是因为企业收入中存在一定比例的坏账，假设企业通过销售产品产生了 105 亿元的利润，其中 5 亿元的坏账，企业获得了 100 亿元的应收账款，那么要重新生产出来这 100 亿元的应收账款，企业需要支付的资金（利润）是 105 亿元。

存货：如果企业所处的行业没问题的话，存货的清算价值也在 90% 以上，如果所处的行业处在困境，存货的清算资产打折比例要高。

现金，应收账款和存货都属于流动资产，相对来说估值较为简单。企业的现金、应收账款等资产的比例越高，清算价值计算难度越小，计算出来"真正清算价值"的概率就越高。反之，企业的无形资产等比例占比越高，计算难度就越大，计算出来"真正清算价值"的概率就越低。在美国大萧条期间，本杰明·格雷厄姆发行了一种有趣的策略，姑且称之为"破流策略"，具体公司为：（流动资产 – 总负债）/ 企业市值。也就是说格雷厄姆完全忽略企业的非流动资产，只看流动资产，用流动资产减去企业的总负债，然后和企业市值比较，如果超过 150% 的话，就会买入。

今天大众对于巴菲特津津乐道的案例是可口可乐、GEICO、苹果等耳熟能详的大市值成长性企业，但是早期的巴菲特完全继承了他的老师格雷厄姆的风格，专门去找清算价值大于市值的公司。

1965 年，巴菲特通过分析，得出一个结论：有一家奥马哈的小型纺织公司，账上流动资产为每股 11 美元，但是交易价格只有 6 美元，于是巴菲特开始大规模买入这家公司的股票，并且去和管理层谈判，双方同意公司按照每股 11.5 美元的价格回购巴菲特手中的股票，几个星期后，公司给巴菲特的报价单上面报价为 11.25 美元，巴菲特愤怒地开始大规模购买公司的股票，把自己买成了第一大股东，然后开除了公司管理层，自己亲自担任 CEO，后来这家公司成为了伯克希尔哈撒韦，市值为 6500 亿美元（2021 年 4 月末），巴菲特作为伯克希尔哈撒韦第一大股东，持股的股权价格大概为 1000 亿美元。

固定资产，固定资产一般指的是房产、工厂和设备（property plant and equipment，PPE）。固定资产又可以分为两类固定资产：行业特定固定资产和通用固定资产。行业特定固定资产的清算价值较低，如专门用来生产某种化工品的设备线，而这种化工品已经被淘汰了。通用固定资产的清算价值极高，而且通用固定资产在市场上交易频繁，流动性很好。例如，办公楼，银行可以用，会计所可以用，律师可以用，软件开发公司也可以用；并且办公楼的交易较为频繁，所以买卖起来的冲击成本较小。其他通用固定资产，如房产一般情况下每年都会增值，所以要看企业是否重估了房屋价值，如果没有重估的话，会导致企业隐藏大量资产。

举个例子，港股上市企业的管理层，可以利用会计准则隐藏企业的房产价值。比如说同样的一栋楼，在资产负债表中，管理层既可以把这栋楼记为"投资物业"，也可以记为"待出售物业"。如果是投资物业，那么就需要每年对这种楼进行估值；如果是待出售物业，那么就可以不用每年估值。因为绝大部分楼的价格都是上涨的，所以这栋楼的真实价值就被低估了。通过这种手段，导致香港上市公司持有的很多物业账面价值和实际价值严重不符。比如说某港股上市企业，出售了北京的一栋楼得到了16.7亿元，税前利润有12.7亿元，也就是说，在出售这栋楼之前，这栋楼的账面估值为4亿元。出售之后，资产负债表中的"固定资产"项目减少4亿元的房产，"现金"项目增加9亿元（除去税务等费用后）。这是一个经典的隐藏房产价值的例子。固定资产账面价值远低于清算价值的现象也经常出现在电信行业（地下的光纤和地面上的铁塔，账面价值每年贬值，但是清算价值常常每年增长）；水电行业（大坝每年按照固定资产折旧，但是清算价值年年增长）。

工厂和设备的账面价值和清算价值也有可能存在巨大差距。设备的贬值速度最快（平均每年5%~7%），所以设备的账面资产经常和清算价值差距较小，因为通用的会计准则能够准确反映设备折旧速度。土地的价值则有巨大的操作空间，土地一般每年都在升值，但是土地因为经常和工厂等固定资产绑定在一起，按照固定资产折旧来每年贬值的，所以经常导致企业持有的土地在账面价值远低于清算价值。

一般土地上的工厂和设备贬值速度极快，工厂和设备也可以被称为企业的"产能"，产能是个特别危险的资产，这是因为企业增加产能很容易，但是减少产能却很难，所以会导致产能过剩，出现企业的产能周期，煤炭、钢铁等行业，都是典型的周期性行业。

股权投资：股权投资和房产有点相似，都能够让企业通过调整会计准则来调整公司的清算资产。企业可以把持有的股权投资用以下三种方法来入账：

第一，把持有的股权投资按照市场价格来入账，相当于把房产按照市场价格来入账。这样每年持有股权价格的波动会计入企业的利润表中，影响企业利润。在有些情况下，企业持有的股权资产占比极大，被投资企业的股价波动会极大地影响上市企业的利润表，持有股权价格波动造成的利润变动在利润表中表达为："公允价值变动收益（损失）"。

第二，把持有的股权按照企业财务报表来入账，这个有点类似于价值投资，完全忽略市场情绪，只按照持有企业的股权来入账。

第三，按照投资成本入账，这种方法经常导致企业持有的股权被严重低估，按照成本入账，只有被投企业分红后，才能够确认为上市企业的利润。

举个例子来解释三种股权投资入账方法：A 企业持有 B 企业 10% 的股权，B 企业净资产 100 亿元，年初 B 企业市值 100 亿元。当年 B 企业利润非常好，净利润 50 亿元，分红 10 亿元，净资产 140 亿元，并且获得市场追捧，B 企业的市值变成了 200 亿元。

按照第一种方法：A 企业当年持有 B 企业的投资收益为分红 10 亿元，加上 B 企业市值增长 100 亿元，共 110 亿元。

按照第二种方法：A 企业当年持有 B 企业的投资收益为分红 10 亿元，加上 B 企业净资产增长 40 亿元，共 50 亿元。

按照第三种方法：A 企业当年持有 B 企业的投资收益为分红 10 亿元。

预付费用，例如租金或者保险，一般额度都很小并且比较难作假，清算价值在 100%。

研发开支，企业为了业务而支付的研发费用应该也算入清算资产，例如，医药公司为了研发靶向药物而投入的资金。计算研发支出占收入的百分比，然后乘以产品的生命周期。例如，飞机制造商当年收入 100 亿元，研发支出 5 亿元，研发出来的飞机生命周期为 15 年，这家飞机制造商所拥有的研发资产为 75 亿元。制药企业当年收入 30 亿元，研发支出 6 亿元，研发出来的新药生命周期为 5 年，这家制药企业拥有的研发资产为 30 亿元。

销售费用和管理费用，企业为了业务而支付的销售费用和管理费用，为企业建立了客户关系和管理效率。计算管理费用和销售费

用占收入的百分比，然后视情况乘以 1~3，例如企业当年收入 100
亿元，销售费用 1 亿元，管理费用 1 亿元，则销售费用和管理费用
的资产为 2 亿~6 亿元。

证券市场经常会有一些交易规模较大的合并、收购等交易，并
且此类型的交易经常由投资银行来作为中介商（如高盛、摩根士丹
利等），这些交易能够为企业估值提供重要的参考。

上市企业的子公司的估值主要看相似企业目前市场上的交易
价格，最常用的比例为企业价值／税息折旧及摊销前利润（EV/
EBITDA）。例如，上市企业的子公司当前 EBITDA 为 2 亿元，而另一
个相似的公司最近以 7 倍的 EV/EBITDA 被收购，那么这个上市企业
的子公司当前 EV 为 14 亿元。特别要指出的是，并购中的企业估值
普遍要高一些，因为被并购企业普遍都交出了控股权，而控股权是有
估值溢价的。例如，做一家上市企业的小股东，要求 EV/EBITDA 不
能超过 7 倍，但是如果做同样上市企业的大股东，EV/EBITDA 不高
于 10 倍就能够接受。

无形资产，如果企业处在困境中，那么如品牌、客户关系等无
形资产的清算价值可以直接归零。如果企业不处于困境，就需要参
考投资银行为无形资产建立的估值模型。投资银行作为企业的资本
中介商，经常为企业的合并收购提供大量的财务估值基础，这些模
型经常能够为无形资产估值提供参考。例如，每一个月活有效用户
估值多少；每一个注册用户估值多少；每一个门店估值多少；每一
个座位估值多少？一个进入 3 期的靶向药物值多少钱？一个拥有

100万粉丝的小红书账号值多少钱？一个占据了100万人口城市的连锁便利店值多少钱？这些答案就要在投资银行作为资本中介做出的大量估值模型中仔细寻找，虽然是非常艰苦的工作，但是报酬也非常丰厚。

商誉，这经常是最无用的无形资产甚至是资产负债表中最垃圾的一项资产。商誉的产生过程是这样的，在上市企业并购中，经常会出现溢价并购的情况，例如，一家被并购企业净资产10亿元，但是却按照15亿元被上市企业并购，上市企业的资产负债表上面必须出现15亿元的资产，但是被并购企业只有10亿元的净资产，所以上市企业需要在资产负债表中的"商誉"一项加上5亿元，才能够做到资产负债表平衡。如果企业处于困境中，那么商誉通常可以直接归零。

资产负债表中的所有负债都应该按照账面价值来计算，企业被清算的时候，必须把所有的负债偿还掉。

资产负债表中的非常规负债一定要注意，非常规负债指的是企业的一种特殊情况负债，例如，因为污染而被环保部门处以罚金，因为产品问题而被客户起诉，这种情况下，要充分把"潜在负债"加入到清算价值的计算中。例如一个企业的所有资产清算价值为100亿元，总负债50亿元，潜在负债20亿元，那么清算价值为30亿元，而不是50亿元。

◇

十、盈利价值

企业的盈利价值，就是假设企业完全没有成长的情况下盈利的价值。要计算企业的盈利价值，需要先算出来企业"正常盈利能力"，然后除以企业的资金成本。

企业的"正常盈利能力"指的是一个企业未来每年可以合理预期挣到的钱，我们先假设企业的盈利能力是不增不减的（计算盈利价值不预测企业的未来，如果企业确实有护城河，在盈利价值的基础上计算成长价值），然后计算正常盈利能力。

第一步，计算运营利润，在利润表中，有一项"税息前利润"（earnings before interests and taxes，EBIT）指的是企业在没有支付财务费用和所得税之前的收入，这项利润也被称为"运营利润"。

第二步，把一些特殊情况平均化。例如非正常盈利或者亏损，假设一个企业当年买了一张彩票，中了 500 万元，这 500 万元会算入企业的净利润，我们必须合理的假设这 500 万元未来不会出现了。如果非正常盈利或者亏损经常出现，那么就把最近 10 年或者 20 年的非正常盈利或者亏损加总，并且除以 10 或者 20，把非正常盈利或者亏损熨平，作为"正常盈利或者亏损"加入到盈利计算中。

　　第三步，需要考虑的就是经济周期，例如煤炭、石油、航运等企业因为都是依赖重资产，并且普遍重资产都需要较长的建设周期（产能周期），而导致经济周期的存在。在计算企业的"正常盈利能力"的时候，一定要考虑到经济周期。例如中国铜业龙头企业江西铜业，2011 年净利润 66 亿元，2015 年净利润 6 亿元，2020 年净利润 23 亿元，在计算未来江西铜业每年能够产生多少净利润的时候，就要熨平这些经济周期，针对一些周期股，一个简单的手段就是计算过去 10 年或者 20 年的总利润，然后除以 10 或者 20。

　　第四步，计算企业的"维持性资本开支"，指的是企业每年为了维持业务而必须支付的资本开支，例如软件公司，每年都必须购买新的设备等。一般企业财务报表上的固定资产折旧速度都比实际需要的"维持性资本开支"要高，所以说，计算"维持性资本开支"会提高企业的实际盈利能力。企业一般情况下固定资产和收入的比例是稳定的，计算企业过去 5 年固定资产 / 收入的比例，计算平均值，然后把今年的收入增长（下降）乘以这个平均值，得到增长（下降）性资本开支，从总资本开支中减去这个数字，就是维持性资本开支。

　　第五步，计算"特殊情况"，例如企业正在关闭某个亏损的项目，或者某一笔股权投资马上上市退出等。

　　第六步，把运营利润转变为税后利润，使用的税率应该是当地的税率，例如上市企业当年净利润 10 亿元，当地税率 20%，当年缴税 2 亿元；但是因为企业当前处于经济周期困境中，正常的税前利润是 20 亿元，所以企业合理的所得税应该是 4 亿元，也就是合理预期税后利润是 16 亿元。

企业能够产生"正常预期利润",需要使用资本,企业的资本来源只有两个:股权和债券。股权的合理回报率为 10%,所以股权的资金成本也是 10%。债权则可以进一步细分为两种:有息债和无息债。无息债指的是企业在经营过程中不用支付利息就能借到的钱,例如大企业可以采用赊账的方式,免费使用供应商和客户的资金,应收账款、预付账款、应付职工薪酬等流动负债,一般都没有利息,除了一项,就是流动负债中的短期借款。通常企业的护城河越深,无息负债占比就越高,例如格力电器,应付票据及应付账款常年占了总资产的 20%。

所以企业的资金成本可以进一步拆解为:股东资本金(10%)、有息负债、无息负债。为了计算简单,我们可以把负债综合放到一起来计算,例如企业有息负债 100 亿元,年利息 5%,无息负债 100 亿元,无利息。我们可以计算为:企业总负债 200 亿元,年利息 2.5%。注意企业的债务利息应该减去税率,因为偿还债券利息的资金是不用缴税的,举个例子,如果企业用了股东 10 亿元资本金,每年赚了 1 亿元,税率 20%,股东到手的资金是 8000 万元,股东回报率是 8%。如果股东借款给企业 10 亿元,每年还款 1 亿元,债权回报率是 10%。所以说对于股东而言,企业负债的实际利息应该减去税率。假设一个企业有息负债 100 亿元,年利息 5%,无息负债 100 亿元,无利息,同时税率 20%,那么企业的债权资金成本就是 2.5% × (1–20%) = 2%。

所以企业的资金成本（R）的计算公式为：

$$R = 资产负债率 \times [税前债务利率 \times (1-税率)]$$
$$+ (资产股权率 \times 10\%)$$

假设一个企业，总资产 800 亿元，其中股东权益（净资产）600 亿元，资产股权率为 75%；总负债 200 亿元，资产负债率 25%，总负债中有息负债 100 亿元，债务利率 5%，财务费用 5 亿元，无息负债 100 亿元，企业税前债务利率为 2.5%。

企业的资金成本（R）= 25% × [2.5%×（1-20%)] +75%×10%)
                    = 8%

假设企业的"合理预期税后利润为 16 亿元"，则企业的盈利价值为：

16÷8%= 200（亿元）。如果企业当前的市值为 100 亿元，则盈利价值为企业价值的 2 倍。

◇

十一、护城河就是别的企业抢不了生意

任何赚钱的企业，都面临着一个问题：别人为何不来抢生意？或者说，任何一个伟大的企业，都有一个特点——它的生意别人抢不了。而别人抢不了的原因，就是这个企业的护城河。

护城河有两个特点：看得见、摸不着。

美国曾经有一家企业叫作安然，这家企业常年能够获得极高的净利润率，但是别人却搞不清楚安然的护城河在哪里，后来发现原来安然的护城河是财务造假，丑闻出现后，安然的股东们承受了极大的亏损，安然的审计师安达信会计师事务所被拆分，世界五大会计师事务所变成了世界四大会计师事务所（德勤、普华永道、安永、毕马威）。所以说，如果一家企业号称有护城河，但是却看不到，那么最好敬而远之，护城河必须得看得见。[1]

段永平在 2003 年北大光华学院回答学生提问，遇到了一个问题：步步高起步在东莞，东莞有很多血汗工厂，步步高的成功和这些血汗工厂有关吗？段永平回复：肯定没有，因为如果我们拥有低人工成本优势，我们的竞争对手也可以拥有低人工成本优势。段永平精

---

① Peter Bondarenko，Enron scandal，Britannica，February 2016.

辟地总结了护城河的第二个特点：其他企业摸不着。在改革开放初期，中国的制造业企业具有便宜的原材料，便宜的劳动力，但是其他中国企业也具备这些优势。所以如果一个企业的优势能够被其他企业复制，那么这就不是护城河，护城河必须是其他企业摸不着的。同样的道理，企业文化也不是护城河，因为一家企业的文化很容易就可以被竞争对手抄袭。

假设有一家互联网企业，做了一款 App，叫作"来往"，这款 App 和微信没有任何区别，除了名字以外，微信的顾客是否会放弃微信去使用"来往"？答案是否定的。同样的逻辑也可以应用在可口可乐上，假设有一家企业推出了一款产品，叫作 ×× 可乐，×× 可乐的口味、价格、包装等和可口可乐一样，除了名字不一样，但是客户还是会继续买可口可乐。

优步、滴滴、摩拜、OFO 这些明星互联网企业，都不具有护城河，因为这些生意，其他企业也能做。客户并不在乎自己骑得是小黄车还是小蓝车；客户也不在乎用优步还是用滴滴来叫网约车。如果上述企业能够赚钱，那么其他企业马上就会进来抢生意。

所以说护城河就是一个企业能够做其他企业不能做的事情，其他企业看得见护城河，却摸不到护城河，也无法进来抢生意。

◇

十二、行业的三种竞争格局

（一）赢者通吃

微信之下无移动社交，微软之下无操作系统。一家独大的企业，护城河最深，其他企业没法攻入。2013 年 9 月，阿里推出了移动社交 App "来往"，上线一个月过后，用户仅为 100 万人左右。2015 年初，马云在一次演讲中说："我原来会想做个东西和微信竞争，但现在会为微信鼓掌。这种竞争是一种乐趣，我们会在竞争中此消彼长"。[①] 拥有最深护城河的企业，股东回报率当然最高，我们曾经讲过，10% 的股东回报率是基准回报，15% 就算是优秀，20% 就算很高了。表 5-8 为微软历年的股东回报率。

表 5-8　　　　　微软公司历年的股东回报率

年份	股东回报率（％）
2011	28
2012	30
2013	26
2014	14

---

① 马云：证监会互联网金融分享发言，腾讯科技，2015 年 2 月。

年份	股东回报率（％）
2015	22
2016	29
2017	21
2018	42
2019	40

资料来源：微软年报。

更夸张的是，微软常年有大量的现金在账上，这些现金的回报率很低，拖累了微软的股东回报率，如果我们只计算微软的投资资本回报率（return on invested capital，ROIC），会得到更高的数字（见表5-9）：

表5-9　　　　　　　微软公司历年的资本投资回报率

年份	股东回报率（％）
2011	87
2012	97
2013	68
2014	62
2015	94
2016	53
2017	55
2018	52
2019	57

资料来源：微软年报。

如果企业处在这种行业中，并且不是龙头，那么最佳策略就是尽早退出该行业。

（二）寡头割据

例如外卖行业的美团 / 饿了么，可乐行业的可口可乐 / 百事可乐，电商行业的阿里 / 京东 / 拼多多，电信行业的中国移动 / 中国电信 / 中国联通。行业被少数几个巨头瓜分，这种情况下，企业们要么进行恶性竞争，要么进行良性竞争。恶性竞争指的是囚徒困境（无论竞争对手是否降价，自己都应该降价，双方都这么想，于是打价格战）。如果陷入了囚徒困境，那就相当于没有护城河。巨头们进行良性竞争的方法有很多，最显而易见的方法就是合并。例如滴滴和快的，双方烧钱补贴客户和司机，抢占市场份额，最终决定合并，终止了双方的囚徒困境。中国移动、中国联通、中国电信虽然没有合并，但是控股股东是一家人，所以跟合并了没区别。寡头割据的企业虽然股东回报率没有一家独大的企业高，但是有一个一家独大企业不具备的优势，就是不容易吸引政府垄断监管，像微软或者谷歌这样的一家独大企业，经常被反垄断调查。如果企业处在这个行业但是却不是寡头，那么最佳策略就是尽早退出该行业，如果企业是寡头之一，最佳策略就是和其他寡头进行良性竞争并且避免陷入囚徒困境。

（三）群雄逐鹿

这个行业没有竞争优势，头部企业没有护城河，头部企业没有持续高于 10% 的股东回报率，企业进进出出，市场份额高度分散，而且头部企业的市场份额变动频繁，这是绝大部分行业的竞争格局。一般情况下，如果一个行业的头部企业一只手数不过来，那么这个行业就是群雄逐鹿，例如中国券商行业，头部券商（中信、海通、国君、华泰、招商、银河、广发等）至少有七八家，并且提供标准化服务，客户选哪家都行，所以说中国券商行业不存在竞争优势。表 5-10 是中国头部券商：中信、华泰、海通的历年股东回报率，牛市（2014 年和 2015 年）股东回报率较高，熊市股东回报率较低，平均下来基本就是 10%，我们之前讲过，10% 就是企业的基准回报率。

表 5-10　　中信、华泰、海通三家券商历年股东回报率　　单位：%

年份	中信证券	华泰证券	海通证券
2011	16	5	7
2012	5	5	6
2013	6	6	7
2014	12	12	12
2015	17	17	18
2016	8	8	7
2017	8	11	8
2018	6	5	4
2019	8	8	8
2020	9	8	8

资料来源：中信证券年报、华泰证券年报和海通证券年报。

◇

十三、生产端护城河

企业的护城河，可以进一步拆解为两种护城河：

（1）企业能够比竞争对手以更低的价格生产产品（生产端护城河）。

（2）企业能够比竞争对手以更高的价格卖出产品（销售端护城河）。

生产端的护城河包括：牌照（特许经营）、专利、自然资源、规模效应。

牌照（特许经营）：牌照来源于政府管制，政府管制会抬高企业的生产成本，同时不会影响需求，就会导致企业具有生产端的护城河。例如，机场、公路等企业，往往具有很强的区域垄断性。其他企业即便有资本，并且有意愿，也很难拿到政府的规划批准。无法在现有的机场的旁边，修建一个新的机场（扩建是可以的）。公路也是如此，两个城市之间已经有了一条公路之后，政府几乎不会批准再修建一条（扩建是可以的）。这就导致很多受到政府管制的企业，具有生产端护城河，如上海机场、宁沪高速、深圳高速等。

成瘾性产品不是护城河，但是政府经常针对成瘾性产品进行牌照管制，从而提高了企业的生产成本，但是并没有改变需求，所以如果有企业通过一些方法绕开政府管制，就自然具有了护城河。例如泡泡玛特打了"赌"的擦边球；烟草公司打了"毒"的擦边球；某些短视频公司打了"黄"的擦边球。这些都是企业通过打擦边球的方式，获得了生产端护城河。

专利：最常见的就是医药企业。药品的研发需要经历很长的周期和巨大的开支，所以政府给成功研发的医药企业专利权，在一段时间内，只允许这一家企业生产该药品。这就导致一旦研发成功，医药企业对于研发药物的生产权，具有排他性，形成了生产端护城河。

自然资源：有些企业因为各种原因占据了优质的自然资源，例如沙特阿拉伯国家石油公司（沙特阿美公司），拥有全世界最大的陆上油田——加瓦尔油田，以及最大的海上油田——赛法尼亚油田。这就导致沙特阿美的石油生产成本是全世界最低的，同理，拥有神东煤炭的中国神华，拥有"熊猫煤"的首钢资源，能够廉价的生产高质量煤炭；这些企业都拥有其他企业没有的自然资源，具有生产端护城河。

规模效应：企业的成本一般分为两种：固定成本和变动成本。其中固定成本几乎不随着收入而改变，而变动成本则是随着收入的增加而增加。举个例子：一家塑料器件生产企业，为了生产塑料器件，需要购买模具，但是购买了模具之后，生产 1000 个或者 1 万个塑料器件，模具的成本是不变的，同时企业需要购买塑料原料，生产多少塑料器件，就需要购买多少塑料原料，所以模具是固定成本，塑料原料就是变动成本。规模效应指的是，当一个企业拥有高市场份额之后，单位生产成本就会比其他企业更低。假设塑料器件行业有两个企业，行业总规模1200万个塑料器件，A企业每年卖出1000万个塑料器件，模具5000万元，其他成本1000万元，那么A企业的单位成本就是0.6元一个；B企业每年卖出200万个塑料器件，模具5000万元，其他成本200万元，那么B企业的单位成本就是2.6元一个。因为A企业的单位成本更低，所以A企业可以降低售价的方式抢占B企业的市场份额，从而导致A企业的市场份额进一步提升。规模效应是企业护城河中最常见的方式，有规模效应的行业，也是最容易出现护城河的行业，并且拥有护城河的企业股东回报率高于市场平均的10%，所以具有成长性，这些行业中会出现巨型公司，如区域零售行业（沃尔玛）、保险行业（中国平安）、消费品行业（可口可乐）、科技行业（英伟达）、互联网行业（谷歌、腾讯）、物流行业（顺丰）等。

航空公司也是存在规模效应的行业，使用它们的计算机化预订系统，航空公司可以根据旅行限制、购买时间和座位的剩余可用性，以截然不同的价格提供相同的座位。凭借经验和良好的规划，各大航空公司可以不断调整价格结构，从机票销售中尽量压榨更多的收入。小的航空公司则无力去承担昂贵的信息技术系统，也无法获取用来训练算法的客户旅行数据。除了信息系统和数据以外，航空公司还具有区域性规模效应：集中维护成本；机组人员、地勤人员甚至飞机的部署；广告和促销；飞行奖励计划等。当航空公司在某个枢纽占据了极高的市场份额之后，它就可以将这些固定成本分摊到更大的乘客群上。

规模效应虽然是生产端护城河，但是不同于其他生产端护城河，规模效应要求企业具有市场份额，因为只有市场份额够大，规模效应才能出来。所以具有规模效应的企业，当面对新的竞争者时，最佳策略不是保住利润，而是保住市场份额，然后利用市场份额带来的规模效应，把竞争者赶出去。

规模效应只存在于细分市场中而不是取决于企业的整体规模，7/11的总规模碾压 36524，但是在石家庄，拥有规模效应的是 36524；微软的收入规模碾压奥多比（Adobe），但是在 PDF 浏览器领域，拥有规模优势的是奥多比；海螺水泥的收入规模碾压塔牌集团，但是在粤东这样的小区域，拥有规模优势的是塔牌水泥。

已经具有规模效应的企业，可以通过不停增加固定成本的方式来巩固自己的规模效应，例如增加研发费用，增加营销费用，购置新的设备等行为，这些行为都会提高潜在竞争者的准入门槛，挖深企业的护城河。

生产端的护城河包括：牌照（特许经营）、专利、资源优势、规模效应，其中规模效应，是最重要的生产端护城河。

◇

十四、销售端护城河

销售端的护城河包括品牌、购买习惯、转换成本。

品牌：品牌来源于信息不对称，客户不确定得到的产品是否会满意，所以就会去购买具有品牌的产品，来保证产品质量。例如小米，在消费者心中就代表了物美价廉的品牌；例如喜诗糖果，喜诗糖果代表着"优质"糖果，所以在情人节、圣诞节等重大节日中，喜诗糖果的消费者们不会对价格特别敏感。例如，迪士尼连续地输出优秀的知识产权，在消费者心目中建立了优质内容输出者的形象。注意，一次性内容创作企业没有护城河，只有持续输出优质内容的企业，才会形成品牌护城河，例如奇葩说、脱口秀大会；等等。有些品牌虽然有价值，但是因为有着非常相似的品牌，所以导致品牌价值大打折扣，例如宝马，虽然宝马代表着高品质汽车，但是宝马的品牌效应和奔驰以及奥迪太像了（非豪华高端车），从而导致宝马的品牌价值大打折扣。品牌弥补了信息不对称对客户的不利，所以客户也愿意支付溢价（客户面临格力空调和一家不知名的空调，同样的性能下，即便格力空调贵一点，客户还是会选择格力），反之，因为品牌能够带来溢价，所以企业有动力去维护好自己的品牌，避免砸了招牌。

购买习惯：人是惯性动物，这是因为当人类的祖先还是动物的时候，迅速作出决定对生存而言至关重要，假设一个猿人看到一条蛇，不是马上逃跑而是思考这条蛇有毒的概率，那么早就死了很多次了，相应地，这个猿人抗惯性的基因也就不会存活下来。所以惯性是写在我们基因里面的"基础代码"。

客户通过多次反复地使用产品，形成一种惯性，这种惯性类似于一种肌肉记忆，导致客户无意识的去购买某个产品而不去思考产品的性价比，这就使得企业可以以更高的价格销售产品。购买习惯一般出现在低价格、高购买频率的产品中，如果是买车，购买习惯就基本没用了，因为汽车是高价格、低购买频率的产品。低价格、高购买频率的产品经常出现在互联网产品中，如微信、微博、推特（Twitter）、油管（YouTube），这些软件都会让客户形成肌肉记忆，没事了就会刷一下；惯性也经常出现在消费品行业中，例如可口可乐、农夫山泉，这些消费品都具有低价格、高购买频率的特点，客户在重复购买中养成了消费习惯，不假思索地重复购买。有些企业的产品不具备低价格、高购买频率的特点，但是聪明的企业都会想办法培养客户的购买习惯，例如净水器，企业会把净水器卖得比较便宜，靠着卖滤芯来赚钱。吉利的剃须刀卖得很便宜，通过卖刀片来赚钱。客户一旦养成购买习惯，企业就获得了销售端的护城河。

转换成本：转换成本指的是客户换一家企业，需要支付的成本，这种成本不只是金钱，也可以是时间精力等其他成本。英国有一家烤鸡连锁店，非常受留学生的欢迎，叫作南多斯（Nando's），这家店除了味道非常好以外，每次消费之后还会给客户积分，客户下次再来的时候可以用积分抵消餐费。南多斯的积分制度，本质上就是提升客户的转换成本。当客户有一天犹豫要不要去南多斯的时候，就会考虑到过期的积分，增加去南多斯的概率。

不过积分制度最好不要是线性奖励，如吃 10 次烤鸡，免费得到 1 只烤鸡，因为线性奖励会把积分制度变成产品价格打折（烤鸡打九折）。非线性积分制度更能够提高客户的转换成本，例如将刚才的吃 10 只烤鸡换一只免费的烤鸡，改为递增的积分奖励方式：吃 20 只烤鸡换得 1 只烤鸡，此后吃 15 只烤鸡换得 1 只烤鸡，此后吃 10 只烤鸡换得 1 只烤鸡，此后吃 5 只烤鸡换得 1 只烤鸡，然后再次回到吃 20 只烤鸡换 1 只烤鸡。这样更能够提升转换成本，抓住客户。转换成本下还有一个非常重要的现象就是网络效应，指的是一个客户会带来更多客户，如淘宝、微信。网络效应的存在，导致某些行业，只有龙头，没有第二名或者第三名，如微信、微软。

优秀的企业会不停地增加客户的转换成本，例如，苹果的操作系统和功能不停地增加，导致习惯用苹果的客户，转化为安卓之后会很不适应；微软不停地给操作系统增加功能，微信不停地增加小程序，银行金融机构总是希望做成全牌照，都是为了提高转换成本。病人常年咨询的医生、律师等，转换成本也极高。复杂的、定制化的产品，都具有较高的转换成本。例如高端制造，荷兰的阿斯麦公司（ASML）的光刻机没有替代品，带来了极高的转换成本。

现在互联网企业要做的精准医疗，就是定制化产品，转换成本也非常高。

互联网企业赢者通吃的原因就是互联网具有规模效应和高转换成本，导致互联网企业可以同时拥有生产端和销售端的竞争优势，从而建立极深的护城河。互联网企业的固定成本（研发成本和设备成本）占比极高，互联网企业投入大量的固定成本来推出新产品，然而一旦产品做好了，新客户的增加对变动成本影响很小。例如微信，制作微信这个产品，投入是极大的，但是一旦做出来了，1 亿人用和 10 亿人用，对成本影响不大，同样的例子也适用于微软的 Windows 和奥多比（Adobe）。互联网企业的客户同时具有极高的转换成本，一方面是网络效应，例如微信，人们使用它，因为其他人都用它；例如淘宝、京东等电商，搜集了大量的用户数据，一是商家需要这些数据来生产迎合消费者的产品，二是消费者需要使用已经了解自己喜好的电商。这就导致电商企业的客户，具有极高的转换成本。另一方面是学习成本，Windows 或者 Adobe 都是需要花时间学习的，客户投入了大量的时间成本学会了之后，转换为其他软件而需要重新学习，导致高转换成本。

护城河最深的企业，就是兼具生产端和销售端的企业，例如微软，从 1986 年到现在，一直获取超过市场平均（10%）的股东回报率，而且护城河现在依旧很深。

◇

十五、好赛道不是护城河

"弱小和无知不是生存的障碍，傲慢才是。"

这是刘慈欣小说《三体》中的话。这句话非常适合目前推销"好赛道"的人：你知道这是好赛道，别人就不知道吗？

好赛道指的是某些行业具有高增长潜力，例如医药行业，人们对于健康的追求是永无止境的，所以我们也可以确定医药行业的需求增长肯定大于社会平均需求增长。但是好赛道未必会带来很高的股东回报率，举个例子，表5–11是上海医药历年的股东回报率。

表 5–11　　　　　　　　上海医药历年股东回报率

年份	股东回报率（%）
2013	8.87
2014	9.67
2015	9.98
2016	10.39
2017	10.73
2018	10.34
2019	10.12

资料来源：上海医药年报。

曾经讲过，10% 的股东回报率是上市企业的平均股东回报率，也就是身处在好赛道的该上市企业并没有获得超过平均值的股东回报率。好赛道的需求增长是大于社会平均需求的，所以这家企业也确实获得了更高的收入增长，表 5–12 是历年的收入同比增长率。

表 5–12　　　　　　　　**上海医药历年收入增长**

年份	收入同比增长率（%）
2013	14.9
2014	18.12
2015	14.24
2016	14.45
2017	8.35
2018	21.58
2019	17.27

资料来源：上海医药年报。

所以该企业处在好赛道，并且好赛道也确实带来了高收入增长，那为何股东回报率却不高呢？答案就在于：该企业没有护城河。本章节开头那句话：你知道这是好赛道，并且好赛道带来高需求增长，难道别人就不知道了吗？难道其他企业不想挤进来分一杯羹？如果一个企业没有护城河，就没办法阻止别的企业进来抢生意，那么好赛道、高增长，都无法带来更高的股东回报率。

股票的价格永远由两个因素驱动：内在价值和市场情绪。内在价值是这个企业未来现金流的折现，市场情绪是判断未来市场给出的价格。举例来讲：黄金现在 350 元 / 克，如果能够预测 1 年后黄金会变成 700 元 / 克，那么就可以现在买入，1 年后卖出获得 100% 的资本回报率。

对于靠市场情绪赚钱的人，赛道很重要，因为好赛道可以讲出好故事，好故事会带来市场情绪，提升估值。但是对于靠内在价值赚钱的人，赛道完全没意义，因为价值投资靠的是企业未来现金流赚钱的，不是靠预判市场赚钱的。

亚马逊在 1999 年互联网科技股泡沫中，股价涨到了 356 美元的最高价，但是在互联网泡沫破裂的 2001 年，跌到了 5.5 美元的最低价，从最高价下跌了 98%，直到 2013 年，才再次突破 356 美元，即便是伟大的企业，如果买贵了，也需要支付极高的时间成本。

◇

十六、优秀的管理层不是护城河，
不要当手艺人的股东

巴菲特说过一句经典的话：“我会投资那些傻瓜也能经营好的企业，因为企业早晚有一天会落到傻瓜手中。”

有些企业经营得好，并不是因为这个企业具有护城河，而是因为这个企业有优秀的管理层，如果一个企业市场份额常年维持高位，回报率常年维持高位，但是却无法在生产端或者销售端找到护城河因素，那就说明这个企业的护城河就是优秀的管理层。管理层可以离职，可以跳槽，甚至可以堕落；并且新进入的企业也有可能具有非常优秀的管理层，从而导致以管理层为护城河的企业失去护城河。真正具有护城河的企业，是不需要优秀的管理层的，例如可口可乐。

拥有优秀管理层的企业，应该给更高的估值还是更低的估值，是很难判断的。一方面，优秀的管理层带来了更高的股东回报率，所以应该给更高的估值。另一方面，优秀的管理层带来了更高的净利润，而这些净利润已经计算在企业估值中，随着管理层的变动，企业的净利润只会向下走，所以优秀的管理层应该带来更低的估值。所以从企业估值的角度来讲，不应该考虑管理层是否优秀，但是需要考虑管理层是否有道德风险，因为没道德的管理层，是所有股东的噩梦。

对于很多企业来说，人才是最核心的资源，如投行、会计师、律师、咨询、猎头、作家、画家等行业。这种企业，我们可以统称为"手艺人行业"。当手艺人企业的股东，是非常不划算的，因为股东对手艺人毫无议价权。举个例子：摩根士丹利（Morgan Stanley）是投行中最头部的企业之一（另一个是高盛），这两家投行一直都被认为是美资投行，但是鲜有人知道，摩根士丹利的第一大股东，是日本企业三菱日联金融集团。而作为头部投行的大股东，三菱日联金融集团从摩根士丹利获得的收益率却很可怜，表 5-13 是摩根士丹利历年的股东回报率。

表 5-13　　　　　　　　摩根士丹利股东回报率

年份	股东回报率（%）
2011	7
2012	1
2013	5
2014	5
2015	8
2016	8
2017	8
2018	11

2019	11
2020	12

资料来源：摩根士丹利年报。

三菱日联金融集团当了摩根士丹利十几年的大股东，基本就是个市场平均收益，并且作为金融公司的摩根士丹利，资产负债率极高，一旦发生了财务危机，就要引入外部投资者，导致三菱日联金融集团的股权比例被稀释。

优秀的管理层不是企业的护城河，聪明的股东也不要当手艺人的股东。

◇

十七、护城河的天敌

兼容性：一个重要的销售端护城河就是客户的转换成本。而兼容性则会大幅度减少客户的转换成本，降低其他企业进入这个行业的门槛。例如，打印机和电脑基本都是兼容的，这就导致客户可以放心地购买自己喜欢品牌的电脑或打印机，而不用担心不匹配。同时，打印机和电脑的生产企业，也因为有兼容性的存在，更容易进入打印机或电脑行业。苹果就非常警惕兼容性，苹果操作系统的兼容性极差。

标准化：和兼容性的特点非常相似，标准化，特别是公开的标准化，同时降低了企业的生产成本和客户的转换成本。因为标准化，企业可以更加轻松的进入一个行业，按照既定标准生产产品，同时因为标准化，客户可以随意改变产品，而不用担心产品质量。例如券商行业，头部券商们提供的经纪服务都是标准化产品，客户可以随意改变而不用担心得到不同的服务。例如金融民工，因为金融行业很多工作是高度标准化的，所以金融企业可以随意换员工，导致金融行业的员工们戏称自己为"金融民工"，在哪里搬砖都是搬砖。医生行业因为标准化，也降低了客户的转换成本，但是因为政府对医生牌照进行强监管，所以在生产端建立了护城河，导致医生行业的收入很高。

单一的供应商：单一的供应商，导致企业对自己的上游企业没有议价权，上游企业可以全力压榨下游企业的所有超额利润，让下游企业只能获得市场平均利润（10%）。一个经典的例子就是拍卖会，拍卖会中，卖家只有一个，但是买家却有很多，每个买家都面对单一卖家，囚徒困境就出现了，买家会自相残杀，给出最高价，让卖家（供应商）获得最大收益。沃伦·巴菲特对于公开拍卖会有一个基本的建议：不去。

单一客户：其和单一供应商很相似，单一客户导致企业对自己的客户没有议价权，客户可以全力压榨上游企业的所有超额利润，让上游企业只能获得市场平均利润（10%）。一个经典的例子就是带量采购，带量采购指的是当地政府一次性的大量采购某个药品，并且让该药品进入医保目录，这就导致了医药企业会面临单一客户，一旦药品无法进入医保，会导致销量为零，陷入了囚徒困境的医药企业，会为了挤进医保目录，报出最低价格，带量采购竞标中，医药大幅度降价，最夸张的降价了95%以上。反之，客户越多的企业，议价权越高，护城河越深，例如，互联网企业，腾讯阿里的客户数量以亿为单位，所以腾讯阿里的议价权极强，护城河极深。

市场份额降低：生产端最重要的护城河就是规模效应，规模效应只有在企业拥有一定市场份额的情况下才会出现，所以一旦企业的市场份额减少，规模效应就会变小，护城河就会变浅，进一步导致企业有可能失去市场份额，规模效应进一步减少，这是一个恶性循环，所以企业绝对不能开启，一旦发现任何能够侵蚀自己市场份额的竞争对手，拥有护城河的企业必须激烈地反击，把竞争对手赶出市场。

拥有护城河的企业，要警惕的天敌：兼容性、标准化、单一供应商、单一客户、市场份额降低。

◇

十八、所有的黑科技，最终都是面包机

　　面包机是一款非常简单的产品，全世界的面包机品牌有几百个。市面上的面包机多种多样，有些简洁，有些复古，有些朋克，但是所有的面包机功能都差不多：把面包放进去烤熟。假设一个面包机企业突发奇想，设计了一款能够在等面包烤好的时间中播放音乐的面包机，并且这款面包机销售得很好，其他面包机公司很快都会推出自己的音乐面包机，任何面包机企业都不可能持续获得丰厚的利润，因为面包机行业没有护城河。

　　其他高端复杂的黑科技，例如台式机、笔记本电脑或者智能手机和面包机有何不同？起初非常不同，但是随着时间的推移，所有的黑科技，都会变成面包机。以智能手机为例，2007 年 6 月 29 日，苹果手机横空出世，惊艳全球，人们惊叹苹果手机优雅简洁的设计和强大的功能，通宵排队抢购。在苹果手机面前，诺基亚等传统手机溃不成军；时过境迁，到了今天，华为、三星、小米、OPPO 这些手机都和苹果手机非常相似，优雅简洁的设计（都是一个屏幕，都是触屏操作，都是装 App），强大的功能（华为的摄像功能甚至超过了苹果）。在 2010 年比较苹果和诺基亚，苹果手机能打 100 分，诺基亚最多 30 分；在今天比较苹果和华为，苹果手机能打 100 分，华为不会低于 80 分。起初看起来无与伦比的苹果手机，现在越来越像面包机了。

西蒙斯百货最早推出"无理由退货"战略，但是随着时间的推移，沃尔玛和凯马特等公司也都推出了相似的服务。今天，"无理由退货"已经是美国超市标准的服务。福特汽车最早发明流水线，但是随着时间的推移，福特所有的竞争对手都使用了流水线，包括日本的丰田。通用汽车最早发明针对不同人群制造不同的汽车，今天，这已经是汽车行业的基本规律（奥迪的 A4、A6、A8；宝马的 3 系、5 系、7 系）。巴菲特 1986 年购买了具有竞争优势的百科全书龙头企业 World Book，但是 1993 年微软推出了数字百科全书 Encarta，World Book 很快就衰落了。

同样的剧本，会不停地重演，任何有竞争优势的企业，最终都会失去竞争优势；任何产品不管多么复杂、高端和独特，所有的黑科技，最终都是面包机。

◇

十九、企业多元化经常变成多元恶化

企业不要多元化，多元化经常变成多元恶化。企业向其他行业进军，无非两种情况：该行业有护城河；该行业无护城河。如果该行业没有护城河，那么一旦行业内的企业获得超过 10% 的平均股东回报率，就马上会吸引其他企业进来，从而导致没有超越市场平均的钱可以赚。如果该行业有护城河，那就更糟糕了，新进入的企业面对有护城河的企业，要么甘心获得低于 10% 的平均股东回报率，要么进入囚徒困境模式，拉有护城河的企业下水，导致两败俱伤的局面。

现代经济学之父亚当·史密斯（Adam Smith）在他经典的著作《国富论》（*The Wealth of Nations*）中，提出了一个现代经济学的基础理论：分工提升效率。很多企业多元化的目的之一是获得"协同效应"，但是厨师与其自己养猪，不如从肉店买猪肉划算，企业之间的协同效应也经常被高估。

企业现有的品牌优势很难延展到其他行业，甚至是其他产品。大家买雪碧或芬达，不是冲着可口可乐的品牌去的（雪碧和芬达都是可口可乐的品牌）。

企业不仅不要多元化，反而要聚焦，所有优秀的企业，都是从聚焦化产品开始的。奥多比（Adobe）专注于 PDF 浏览器软件；微软专注于操作系统；谷歌专注于搜索；吉利专注于剃须刀；菲利普莫瑞思专注于香烟。反而当企业开始盲目多元化的时候，经常遭遇滑铁卢。格力是做空调起家的，跨行业去做手机，就悲剧了。美国通用电气的 CEO 杰克·韦尔奇（Jack Welch）有一条经典的管理办法：通用电气的子公司要么是行业第一或者第二，要么关闭。

　　大企业经常具有过分多元化的大企业病，这也是为何当大企业的管理层决定裁员或者停止某个项目的时候，股价经常会上涨，因为市场预期该企业利润会增长。讲个趣事：在 1989 年，美国贝尔电话公司（Bell Telephone）的员工发动了持续两个星期的大罢工，一个共有 52000 名员工罢工，而贝尔电话公司的员工只有 74000 人。有趣的是，未参与罢工的 22000 名员工，在 4000 名临时工的帮助下，维持住了贝尔电话公司的运营。

　　资金雄厚是获得护城河的手段，但是资金雄厚本身不是护城河。医药企业开发新药普遍需要数年的时间和上亿美元的投入，但是一旦新药研发成功并且获得专利，医药企业就获得了护城河。雄厚的资金可以帮助企业建立护城河，但是雄厚的资金本身不是护城河。

　　合并收购也是企业多元化的手段之一，但是企业合并收购普遍不会得到预期的效果，因为历史数据表明被合并收购的企业普遍具有 30% 的溢价，本来在市场上售价为 10 亿元的企业，被并购的时候就变成了 13 亿元。合并收购被宣布后，发起合并收购的企业股价会轻微下跌（5%），被合并收购企业的股价会大幅度上涨（20%），并且平均发起企业的股价会在合并收购结束后 5 年跌去 20% 股价。[①]
这还是平均数据，如果是跨行业收购，结果更糟糕。不过有趣的是，
数据显示虽然平均而言合并收购的结局不好，但是有一种合并收购
却普遍创造了价值，那就是为了避税的合并收购，例如 A 企业盈利，
B 企业亏损，为了更加合理地缴税，A 和 B 企业合并，B 企业的亏
损可以抵消 A 企业的盈利，导致 A 企业所得税费用变少。

如果一个企业已经有了护城河，那么企业应该把利润投入护城
河之内，或者返还给股东，贸然进入其他领域去挑战有护城河的企业，
会把多元化变成多元恶化。

[①] Bruce C. Greenwald Judd Kahn，Competition Demystified，Penguin，2005.

◇

二十、寻找成长类股票

第一步要划分市场，把某个市场的头部企业罗列出来，如果头部企业出现了重叠，就说明这是一个市场。举个例子，苹果在手机市场和笔记本电脑市场都占据着很高的市场份额，这是因为手机市场和笔记本电脑市场都是"移动电脑"市场。

第二步要观察头部企业市场份额的稳定性，有护城河的企业，市场份额普遍非常稳定，例如微信、微软、菲利普莫瑞思等企业，都能够几十年的维持着自己的市场份额，这都是该行业具有护城河的体现。相反，如果这个行业内的企业进进出出，市场份额高度分散，而且头部企业的市场份额变动频繁，说明这个行业没有护城河。如果一个市场的头部企业一只手数不过来，那么这个行业大概率没有护城河。如果在5~10年的区间内，行业的头部企业们的市场份额变动超过5%，这个行业大概率没有护城河；如果行业头部企业们的市场份额变动小于2%，这个行业大概率有护城河。

第三步要验证高回报率，高回报率是另一个重要的指标，如果一个行业没有护城河，那么任何赚大钱的企业，就一定会吸引新的企业进来，所以如果企业可以维持高回报率，说明企业有护城河，别的企业抢不了生意。高投资回报率可以通过几个指标确定：股东回报率、投资回报率、总资产回报率、经调整后总资产回报率、利润率、经调整利润率，固定资产／收入。具体计算方法：

无息流动负债 =（流动负债 − 短期借款）

投入资本 = 总资产 − 现金 − 流动负债 + 短期借款

股东回报率：企业的当年净利润除以企业的期初净资产。

总资产回报率：企业当年的净利润除以企业的期初总资产。

调整后总资产回报率：企业当年调整后经营利润／企业期初总资产

投入资本回报率：企业当年调整后经营利润／企业当年投入资本

净利润率：企业当年净利润／企业当年总收入

调整后净利润率：企业当年调整后经营利润／企业当年总收入

固定资产／收入：企业当年固定资产／企业当年总收入

最后，即便我们可以通过市场份额和高回报率来确认企业有护城河。我们还需要分辨企业的护城河是否来源于运营效率，换句话说就是非常给力的管理层。有些企业经营得好，并不是因为这个企业具有护城河，而是因为这个企业具有优秀的管理层，如果发现企业市场份额常年维持高位，回报率常年维持高位，但是却无法在生产端或者销售端找到护城河因素，那就说明这个企业的护城河就是管理层，这就非常危险了，因为管理层可以离职，可以跳槽，甚至可以堕落；并且新进入的企业也有可能具有非常优秀的管理层，从而导致以管理层为护城河的企业失去护城河。

只有完全确认了企业具有护城河之后，我们才能够赋予企业成长价值。

◇

二十一、成长价值

如果一家企业的业务或者行业处在逆境状态下，说明这家企业无法使用资本去产生应有的收益（10% 的股东回报率），那么这家企业只有清算价值，没有盈利价值或者成长价值。如果这家企业在正常地经营，但是没有护城河，那么这家企业具有盈利价值；只有具有护城河的企业，才具有成长价值。

具有护城河的企业，看清算价值和重置价值都毫无意义，因为护城河无法复刻，所以只看盈利预期。

成长价值是最难计算的，也是最容易算错的，首先需要确认企业确实有护城河，事实上具有护城河的企业并不多，消灭企业护城河的因素实在是太多了：颠覆性创新、不知死活的新进入者、过期的专利、过气的 IP、创始人的满足等。

当企业投资没有护城河的行业中，资本回报率就是 10%，当企业投资其他具有护城河的行业中，资本回报率低于 10%，只有企业投资自己的护城河之内，才能获得高于 10% 的资本回报率。假设一个企业具有护城河，能够获得 20% 的股东回报率，5% 以现金形式派息，其余 15% 投资在没有护城河的领域，那么这总共 20% 的回报率；如果投资在了有其他具有护城河的行业，导致回报率减半，那么总共 12.5% 的回报率；如果投资在自己具有的护城河范围内，导致回报率翻倍，那么总共 35% 的回报率。从这个例子可以看出，具有护城河的企业，把投资放到自己的护城河内，是至关重要的。

不管是生产端的护城河，还是销售端的护城河，最终体现在企业报表上的就是净利润率。举个例子，假设某企业的财务数据如表 5-14 所示。

表 5-14   "护城河" 利润率示例

净资产（万元）	1200
收入（万元）	1000
资金成本（%）	10%
净利润（万元）	240
税率（%）	40%
市场平均净利润（万元）	1200 × 10% = 120
护城河净利润（万元）	240-（120 × 10%）= 120
护城河税前利润（万元）	120/（1-40%）= 200
护城河利润率（万元）	200/1000 = 20%

资料来源：作者绘制。

在表 5-14 中，企业的净资产为 1200 万元，资金成本 10%，如果企业没有护城河，那么企业应该获得市场平均净利润 120 万元，但是企业实际净利润 240 万元，说明企业具有护城河，护城河带来的净利润为 120 万元，税率 40%，护城河带来的税前净利润就是 200 万元，除以企业 1000 万元的收入，带来护城河净利润 20%。说明企业的护城河，要么降低了企业的生产成本，要么提高了企业的销售价格，最终反映在报表上就是企业净利润率高了 20%。

具有护城河的企业，一定是在某个行业内的，所以该行业的增长就是企业的增长。

把企业的成长价值折现为当前价值（present value，PV）：

PV= 现金流 /［资金成本（R）– 增长率（G）］

净利润（E）= 企业资本（C）× 资本投资回报率（ROC）

投资（I）= 企业资本（C）× 企业增长率（G）

现金流 = 净利润 – 投资 = 企业资本 ×（企业投资回报率 – 企业增长率）

PV= 现金流 /（R-G）= 企业资本 ×［（企业投资回报率 – 企业增长率）/（资企业金成本 – 企业成长率）］

盈利价值 = 企业投资回报率 / 资金成本

成长价值 / 盈利价值 =［（企业投资回报率 – 企业增长率）/（资企业金成本 – 企业增长率）］/（企业投资回报率 / 资金成本）

例如：企业的投资回报率为 15%，增长率 6%，资金成本 10%。

企业的成长价值 / 盈利价值 =［（15–6）（10–6）］/（15/10）= 1.5.

如果企业的盈利价值为 10 亿元，那么企业的成长价值就是 15 亿元，总价值为 25 亿元。

表 5–15 是一个相对简单的方式来找到企业的成长价值 / 盈利价值倍数，ROC 代表投资资本回报率，R 代表了资金成本，G 代表收入增长。

表 5-15　　　　　　　　　　成长价值计算表格

	A	B	C	D	E
ROC/R	1.0	1.5	2.0	2.5	3.0
G/R 25%	1.0	1.11	1.17	1.20	1.22
G/R 50%	1.0	1.33	1.50	1.60	1.67
G/R 75%	1.0	2.00	2.50	2.80	3.00

资料来源：Bruce C. Greenwald Judd Kahn，Competition Demystified，Penguin，2005.

从表 5-15 中可以看出，即便是增长率非常高的企业（资本回报率 / 资金成本达到惊人的 3 倍），并且增长速度达到资金成本的75%，企业的成长价值也不过是企业的盈利价值的 3 倍。

笔者把腾讯的财务数据输入了进去，得出了结论是腾讯的盈利价值 2 万亿元，成长价值是盈利价值的 2.8 倍，也就是 5.6 万亿元，加一起 7.6 万亿元，当前（2021 年 5 月 28 日），腾讯的市值是 4.7 万亿元，所以腾讯有（7.6/4.7）-1= 36% 的安全边际（涨幅）。

◇

二十二、港股市场的特有产物：老千股

作为一个在中国内地和香港特别行政区都从事过资产管理行业的人，如果让笔者选一样港股特产，作为参与港股市场的内地投资人的第一课来讲，笔者会毫不犹豫地选择港股的"老千股"，所谓的"老千股"，指的是港股市场中的某一类股票，这一类股票不会给投资人创造任何价值，存在的目的就是坑害小股东。"老千股"对于内地投资者的杀伤力极强，因为：

（1）A 股市场强大的金融监管，导致 A 股不存在"老千股"，所以内地投资者从没见过这种产物。

（2）A 股常年来一直存在"壳"价值，导致小市值上市企业回报率非常高，甚至曾经还有过 A 股"不死鸟"策略，轮动持有 A 股市值最小的企业，在 2018 年之前，这个策略回报率惊人。所以中国内地投资者普遍对于小市值股票抱有好感，但是在"注册制"的港股市场，"老千股"普遍是小市值股票。

（3）"老千股"的股价经常暴涨暴跌，特别能够吸引喜欢赌博的投资者。甚至有投资者专门投资老千股，并且港股市场没有涨跌停板，经常出现一天涨幅 50% 以上或跌幅 50% 的情况，让习惯了涨跌停板的中国内地投资者很难适应。另外，中国内地投资者的投机性更强，所以更容易被"老千股"暴涨暴跌的股价所吸引。

（4）港股"老千股"的比重高得惊人，如果用比较严格的标准来衡量，港股 2200 只股票中，"老千股"大概有 1400 只，"老千股"的数量超过了非"老千股"的数量。

虽然港股"老千股"盛行，并且杀伤力极大，但是"老千股"也有很多显而易见的特征，可以让投资者及时发现，并且躲开。

（1）市值小：市值百亿港元以上的"老千股"比例很低。

（2）中央企业国有企业：中央企业国有企业（以下简称"央企国企"）肯定不是"老千股"，但是要注意很多"老千股"会给自己冠名"中国""亚洲"等词，所以一定要通过年报确认股东是谁，一般央企国企的股东都是国资委、财政部或者是地方国资委、地方财政厅。这里又要吐槽一下香港金融监管，在 A 股，只有央企国企才能用"中国"两个字作为公司名称的开头，但是在香港，任何一个民营企业都可以给自己冠名"中国"。明明一个民企"老千股"企业，却能够堂而皇之地给自己起名："中国××"或者"中国×××"。

（3）基本不分红："老千股"存在的意义就是坑害小股东，当然不会分红。

（4）频繁更换审计师："老千股"普遍作假账，审计师受不了就会辞职。

（5）非四大审计所：四大审计所指的是普华永道、德勤、毕马威、安永。这四家审计所是审计所中比较高端的，并且也珍惜名誉（好口碑能够获得高溢价），所以普遍不愿意和"老千股"同流合污，四大审计所担任审计师的股票中"老千股"比例较低。

（6）频繁地合股、供股、拆股、折价配送、向大股东管理层发期权、向大股东管理层发行可转债等，目的就在于不停地稀释小股东的股权。

（7）高管薪酬极高："老千股"企业的高管要么是大股东，要么是大股东的代理人，这些人普遍在"老千股"公司中拿着极高的薪酬，不停掏空上市公司。

（8）频繁的关联交易：通过频繁的关联交易把利益输送给自己，也是掏空上市公司的手段。

（9）主营业务变来变去："老千股"的主营业务就是坑害小股东，所以其实没有主营业务，经常变来变去，而且喜欢追热点，这个月还在搞医药，下个月就公告开始搞芯片。

（10）公司名称经常变动：骗一段时间就换个名继续行骗，但是注意"老千股"虽然能够换名，但是不能够换代码，所以按照代码记录"老千股"，是香港分析师的一个习惯。而香港的金融骗子们也特别喜欢换名字。

（11）股价波动性大："老千股"经常通过经纪人或者机构唱多的方式来吸引投资者，然后通过暴跌的方式来闷杀，所以"老千股"过往股价普遍有暴涨暴跌的特点。

◇

二十三、股市顶部和底部的特征

　　行情总在绝望中诞生，在半信半疑中成长，在憧憬中
成熟，在希望中毁灭。

　　　　　　　　　　——约翰·坦伯顿（John Templeton）

　　股票市场最可怕的就是共识：一旦共识形成，人们就会疯狂地加杠杆。从人类的历史来看，每一次巨大的金融危机形成前都有一个共同的先兆：市场上绝大部分人坚信某一项可交易资产的价格肯定不会跌，如南海证券、郁金香等。

　　泡沫的产生和破灭的核心在于人类信心的膨胀与崩溃。并且股市的顶部经常会出现一些特征：

　　（1）兴起一阵高层建筑的活动。

　　（2）艺术品市场的价格快速上升。

　　（3）泡沫行业的人才收入大规模提高，人才争夺严重，同时伴随着高收入而带来的堕落文化，例如，黄赌毒盛行。

　　（4）大量不具备股市专业知识的人开始讨论和参与股市。

　　（5）媒体开始大量报道股市，特别是股市致富的故事，并且专业机构也开始吹捧。

（6）没有利润甚至收入的企业，仅仅靠着一些概念就可以得到极高的估值。"在世界迅速进入资讯科技的年代，如果一个企业的科技概念受到市场的广泛认同，即使它只有很少的实质资产，甚至没有业绩，仍可在金融市场筹得巨资，通过收购合并，购入有实质业务的资产，化虚为实，以小吞大，创造企业高速壮大的奇迹。"——2000 年香港社论，文中提到的股票就是李泽楷的电讯盈科，后来科技泡沫破灭之后，电讯盈科跌了 90%。[①]

（7）媒体和专业机构都开始鼓吹世界已经发生根本性改变，因此某些公司不能再按传统方法进行评估。

（8）企业大量上市，都想趁着股市顶部去多融资（圈钱）。

（9）企业大量进行合并收购，合并收购经常是用上市企业的股票作为代价进行的，例如一个市值 10 亿元的企业，增发 2 亿元的股票，收购一个非上市企业。股市顶部企业的股权估值很高，大家对股权未来的增长更有信心。

股市的底部也经常会出现一些特征：

（1）上市企业大量回购企业股票。回购股票指的是企业用现金来注销股票，当企业管理层认为企业被严重低估的时候，更倾向于用现金来回购股票。

（2）大量的私有化发生。企业私有化是企业上市的反义词，企业上市是拿出部分股权来卖给公众，私有化指的是上市企业把所有

---

① 智通财经：《告别股王：18 年前香港科网股泡沫覆灭记》，新浪财经，2018 年 2 月。

公众持股买回来，下市。大量私有化发生说明企业普遍被低估了，大股东或者第三方愿意用现金把公众手中的股权全部买下来。

（3）内部人员增持：大股东、董事、监事、管理层自愿拿出真金白银来购买自己企业的股票，说明掌握更多内部信息的内部人员觉得企业被低估了。一定要注意，内部人员减持股票不能被理解为利空消息，很多减持股票的理由和企业基本面毫无关系，例如，优化家庭资产配置、买学区房等，但是掏钱买股票肯定是利好。

（4）成交量低迷。越是股市底部，成交量越低迷，因为参与的人很少，媒体报道也很少。

（5）IPO 很少。IPO 指的是企业拿出一部分股权卖给公众，当股市处于底部的时候，企业股权卖不上好价钱，自然不愿意贱卖。

（6）合并收购很少。合并收购经常是用上市企业的股票作为代价进行的，在股市底部，企业的股权估值很低，大家对股价的未来增长也没信心，所以合并收购会很少。

第六章
随　笔

◇

一、2017 年 9 月写的美团 Pre-IPO 投研报告 [①]

（一）背景简介

美团是中国领先互联网线上线下结合的消费平台，提供餐饮及生活娱乐的团购服务，旗下大众点评拥有餐饮 / 生活娱乐场所信息及用户点评超过 10 年的积累，目前公司业务已经渗透全国 2000 多个城市，合作商家超过 1000 万家，活跃下单用户达到 1.07 亿人。

美团和大众点评的合并之后，美团成为了用户"吃喝玩乐"一站式服务的平台，同时也是中国唯一一个能为用户提供各种生活服务场景的互联网平台。目前美团占有外卖市场份额的 53%，团购市场份额的 82%，电影票市场份额的 40%，酒店市场份额的 32%，景点门票线上市场份额的 50%（见图 6-1）。

---

① 作者自己编写。

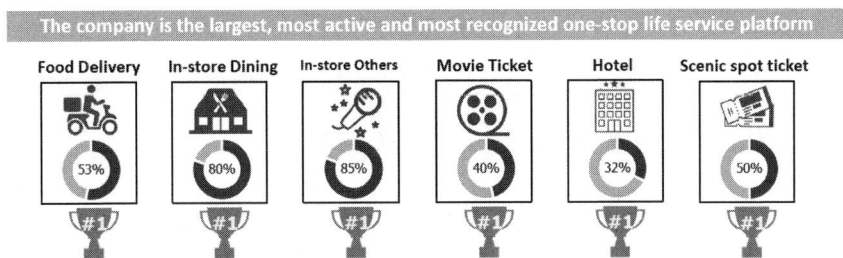

图6-1　美团收入构成

资料来源：BDA《美团研究报告》，2017。

当前美团股权结构如表 6-1 所示。

表 6-1　　　　　　　　　　美团股权结构　　　　　　　单位：%

美团管理层	21.82
腾讯	14.1
ESOP（员工期权池）	12.09
红杉资本	10.81
挚信资本	3.24
DST	2.69
高瓴资本	2.55
今日资本	2.31
其他	30.39

　　本轮美团计划融资 30 亿美元，目前已经有意向的投资人为：腾讯（12 亿美元）、IDG（5 亿美元）、GIC 新加坡政府政府投资公司（5 亿美元）、CPPIB 加拿大退休基金（3 亿美元）、红杉资本（3 亿美元）。按照投后 290 亿美元的估值，腾讯将在投后占股 16.78%，IDG 通过收购一些老股东的股份后占股大约 2%。

美团此次融资的目的：（1）用账面庞大的现金来结束外卖补贴大战，加强公司外卖市场占有率。（2）探索其他领域的业务发展。公司本轮融资之后账面上会有 400 亿人民币。

美团的融资历史如表 6-2 所示。

表 6-2   美团融资历史

融资主体	轮次	融资时间	融资金额（美元）	投后估值（美元）	主要投资人
美团	B	Jul-16		180 亿	华润
美团	A	Dec-15	31 亿	180 亿	腾讯：10 亿美元；DST：4.25 亿美元；挚信资本 1.6 亿美元；其他：高瓴资本、红杉资本、淡马锡、中金等
美团	合并	Oct-15			
大众点评	F	Apr-15	8.5 亿	40.5 亿	腾讯：1.2 亿美元；淡马锡：1 亿美元；中国平安：800 万美元；其他：复星集团、万达集团、GIC、小米科技、普思资本
美团	D	Dec-14	7 亿	70 亿	高瓴资本：2.5 亿美元；红杉资本：1.14 亿美元；博裕资本：1 亿美元；阿里巴巴：8600 万美元
美团	C	May-14	2.5 亿	20 亿	红杉资本：6900 万美元；泛大西洋投资：6900 万美元；博裕资本：6800 万美元
大众点评	E	Feb-14	4.59 亿	24 亿	腾讯：4.59 亿美元

续表

融资主体	轮次	融资时间	融资金额（美元）	投后估值（美元）	主要投资人
大众点评	D	Aug-12	6350万	8.74亿	Capital Today：3210万美元；Trustbridge：2000万美元
美团	B	Jul-11	5000万	2.1亿	阿里巴巴：2100万美元；北极光创投：900万美元；华登国际：900万美元
大众点评	C	Apr-11	1.03亿	8.1亿	挚信资本：5700万美元；红杉资本：2460万美元
美团	A	Sep-10	1200万	5856.48万	红杉资本：1200万美元
大众点评	B	May-07	100万	2550万	Google 94万美元。其他：红杉资本
大众点评	A	Jan-06	135万	700万	红杉资本：100万美元；策源创投：25万美元

资料来源：美团：《美团商业建议书》，2017年。

（二）业务版块与行业空间

美团的三个业务板块为：团购、外卖和酒旅。

团购：目前中国团购业务的总体量在2016年为1660亿元，美团2016年的团购业务GMV为1361亿元，为整个市场的82.1%。目前是中国团购行业的龙头。美团预计2017年团购业务能够给公司贡献利润15亿~20亿元，但是中国目前团购业务的增长趋势已经放缓，大概只有25%~30%（见图6-2）。

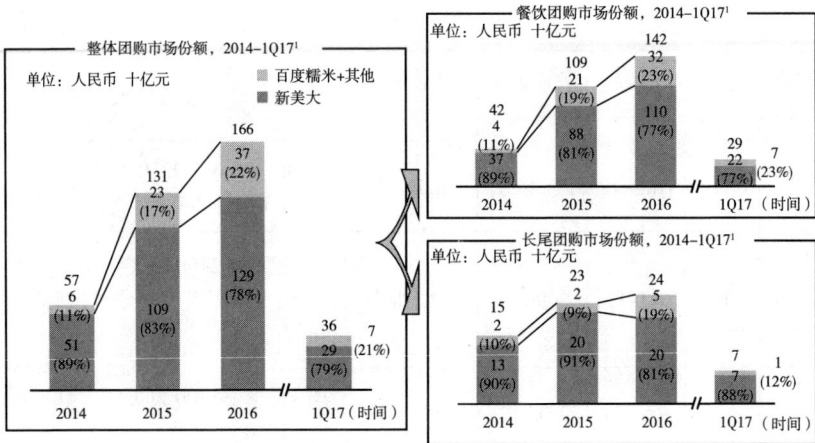

图6-2 美团团购增长

资料来源：BDA，《美团研究报告》，2017 年。

外卖：中国外卖 2016 年市场规模达到了 1270 亿元，并且最近三年年复合增长率达到了 286%。目前中国外卖市场主要有两家公司在竞争，腾讯系的美团和阿里系的饿了么。市场份额方面，美团 2016 年 6 月到 2017 年 6 月的 GMV 941 亿元，占整个外卖市场份额 53%，饿了么在收购百度外卖之后占有另外的 47%（见图 6-3）。

酒旅：高端酒店的平台成交金额（GMV）增长率。中国线上酒店销售量 2016 年达到了 1140 亿元，近五年年复合增长率 46%。其中美团以 430 亿元的 GMV 占有市场份额的 38%，但是携程依旧保持了龙头地位，特别是在高端酒店领域。美团酒店和旅行业务也在快速发展，目前行业龙头携程的间夜量是 7 月 2000 万单，而美团的间夜量是每月 1800 万单。但是美团目前主打的是低端酒店，而携程主打高端酒店，所以 GMV 上面还是有差距（见图 6-4）。

国内外卖市场规模，以单量计，2014–2016

单位：百万个

国内外卖市场规模，以单量计，1Q15–1Q17

单位：百万个

	2014	2015	2016（年份）
YoY		445%	174%

+286%

227　1236　3382

	1Q15	2Q15	3Q15	4Q15	1Q16	2Q16	3Q16	4Q16	1Q17（时间）
YoY					286%	157%	199%	142%	160%

+216%

116　292　323　504　448　750　964　1220　1163

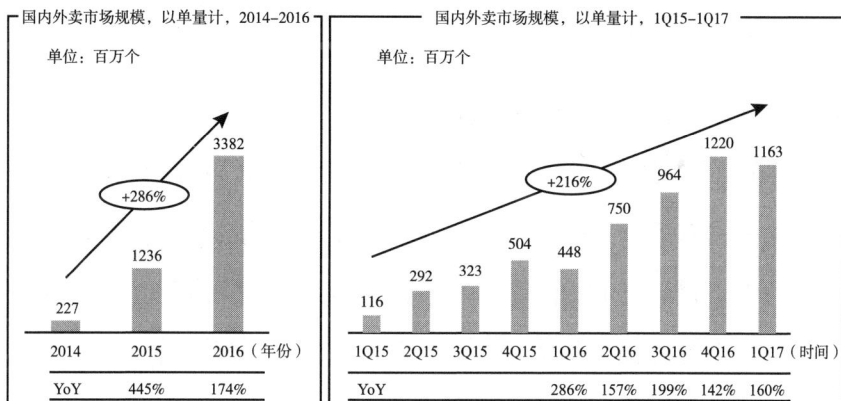

图6–3　美团外卖增长

资料来源：BDA，《美团研究报告》，2017年。

中国门票OTA GMV在2016年达到131亿单的规模，近三年年复合增长率43%，其中美团拥有50亿单，占总市场份额的38%。

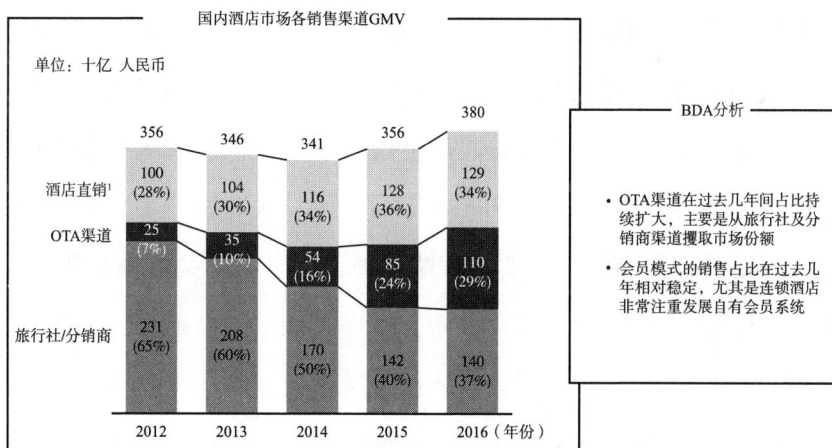

国内酒店市场各销售渠道GMV

单位：十亿 人民币

	2012	2013	2014	2015	2016（年份）
	356	346	341	356	380
酒店直销	100（28%）	104（30%）	116（34%）	128（36%）	129（34%）
OTA渠道	25（7%）	35（10%）	54（16%）	85（24%）	110（29%）
旅行社/分销商	231（65%）	208（60%）	170（50%）	142（40%）	140（37%）

BDA分析

- OTA渠道在过去几年间占比持续扩大，主要是从旅行社及分销商渠道攫取市场份额
- 会员模式的销售占比在过去几年相对稳定，尤其是连锁酒店非常注重发展自有会员系统

图6–4　美团门票增长

资料来源：BDA，《美团研究报告》，2017年。

（三）业务展望

1. 外卖之战美团胜出概率较大

目前外卖市场，只有两个主要玩家，美团（腾讯）和饿了么（阿里），目前美团占有整个市场份额的 53%，饿了么占有 47%（合并百度外卖之后）。目前美团每单亏损 0.6 元，饿了么每单亏损 3.6 元，平均饿了么一个月亏损 1 亿美元。而且随着目前外卖行业竞争格局的明朗，美团目前账面上有 200 亿元人民币现金，加上此轮融资，账上有 60 亿美元现金。美团希望这一次融资之后，能够在外卖业务上确立领导地位，将市场份额提升到 70% 左右。[1]

2. 未来外卖业务的盈利点

（1）引流业务，目前美团收取商家引流费（take rate）3%~4%，未来这个数字能够进一步提高。目前来看，到店餐饮的引流费维持在 4%，到店综合维持到 12%（这两个数字是提升过后的引流费），对于商家来说完全不成问题，甚至还有上升空间。（2）补贴下降，美团在 2021 年 4 月曾经将补贴降到了 1%，基本做到了盈亏平衡，考虑到目前抢占市场是主要的战略选择，所以美团又将补贴费恢复到 3% 的水平。（3）提高餐厅抽水（目前美团收取 12%，相比较而言，美国 Grubhub 无配送收取 15%，有配送收取 30%）。（4）中国外卖市场目前还在以 200%~300% 的速度增长，美团预计到 2020 年达到每日 5000 万单（目前每日 2000 万单，每个月外卖下单用户 1000

---

[1] BDA，《关于新美大研究的最终报告》，2017 年 7 月，作者研究的结论。

万人）。（5）美团占有的中国外卖市场份额也会持续增长，从目前的 53% 增长到 70%。外卖业务的每单总价格会从目前的 40 元每单达到 2022 年的 50 元每单。[①]

3. 外卖市场新入局者的可能性很小

根据估算，外卖新入市场者需要烧掉 300 亿人民币，仅仅是算法工程师团队就需要大概 1000 人（与市场份额关系不大，百度外卖市场份额很小，也有将近 1000 人算法工程师团队）。加上目前美团、饿了么竞争格局已经形成，新入者同时也会面临融资困难，整体而言可能性不大。

4. 美团未来的外包业务估值

目前美团的送餐团队分为三种：（1）劳务公司，占有整个市场的 30%。（2）外包公司，美团按照单量和外包公司结算。（3）众包，这个和 Uber 模式类似，任何人都可以临时当送餐员。目前外包业务占总单量的 15%，并且外包业务的想象空间非常大。目前给饿了么做外包的公司，每日送单 100 万份，融资估值为 10 亿美元，美团目前外包业务达到了每日 300 万单，是中国最大的外包公司。当前美团的外包业务没有体现在估值中。

5. 未来每日单数预计

IDG 估算美团能够在 2020 年做到日均 3000 万单，但是美团自己估计明年就能够做到日均 3000 万单（目前日均 2000 万单）。美团

---

① BDA，《关于新美大研究的最终报告》，2017 年 7 月，作者研究的结论。

的目标是希望能够做到每天 7000 万 ~8000 万单。

6. 酒店业务与携程的对抗

目前美团采取农村包围城市战术，利用流量入口和餐饮酒店捆绑溢价的方法，从低端酒店逐渐蚕食携程高端酒店市场的份额。

7. 团购业务 A 股上市

未来美团不排除首先将团购业务分拆在 A 股上市。证监会当前非常希望能够有一个盈利稳定的科技公司在 A 股上市，美团的团购业务今年能够实现 15 亿 ~20 亿元利润，明年增长到 30 亿元。如果在 A 股上市，按照 50 倍 PE，估值为 1500 亿元人民币左右。并且美团如果同时拥有在 A 股和美股两个上市公司，未来融资会便利很多。作为美团的股东，香港名力集团能够有机会参与美团团购业务 A 股上市。

美团 2016 年 GMV 2400 亿元，预计 2017 年 GMV 达到 3500 亿 ~3800 亿元。美团 2016 年收入 140 亿元，预计 2017 年收入 270 亿 ~310 亿元。美团目前还处在亏损阶段，预计 2018 年开始盈利，2022 年利润达到 250 亿 ~280 亿元，假设为 36.5 亿美元，30 倍市盈率退出，上市股权稀释 25%，2023 年退出估值为 820 亿美元。

◇

二、贫富差距不应只用数字衡量

有三个人，A 是个乞丐，身价为 0。B 是个富豪，身价 50 亿元。C 是个大富豪，身价 500 亿元。如果按照数字来计算贫富差距，A 和 B 之间的差距是 50 亿元，B 和 C 之间的差距是 450 亿元，所以 A 和 B 之间的贫富差距，小于 B 和 C 之间的贫富差距。这种算法显然是不合理的，原因就在于：钱是有边际效应的，也就是说：钱越多，能够带来的东西就越少。

A 吃不起饭，B 在小饭馆吃了 2 菜 1 汤，花了 200 元，C 在大酒店吃了大餐，花了 2000 元。如果按照数字来看，A 和 B 之间的差距是 200 元，B 和 C 之间的差距是 1800 元，但是 A 和 B 之间的差距是吃不吃得起饭，B 和 C 之间的差距不过是饭好不好吃。

A 冬天买不起棉衣，B 花了 1000 元买了一件羽绒服，C 花了 10000 元买了一件名牌大衣。如果按照数字来计算，A 和 B 之间的差距是 1000 元，B 和 C 之间的差距是 9000 元，但是 A 和 B 之间的差距是挨冻不挨冻，B 和 C 之间的差距不过是品牌高下。

所以，贫富差距不应只用数字衡量。

◇

三、参考香港特别行政区，中国内地房地产税能收多少

香港特别行政区一直都有房产税，香港地区的房产税不叫"房产税"，叫作"差饷"（早期曾称为"警捐"），所谓"差饷"，是"警察的工资"之意，香港警察于香港开埠初期称为"香港差役"，差饷的收入在早期主要用以维持香港差役运作、其他公共服务，包括食水、街灯及清洁等开支。

香港房产税的计算方法，一般是这套房子的租金的5%，例如，一套房子1年租金10万港币，那这套房产持有人每年需要缴纳租金的5%，就是5000港币（不论房子是否出租都要缴纳）。

根据东方证券邵宇推演，中国住房总市值在2019年底是450万亿元，根据诸葛找房2019年10月发布的《全国重点50城租金收入比调查研究报告》，2019年上半年中国50个重点城市的租售比为1∶592，换算为租金收益率为2%。由此可以计算出中国目前住房市场总租金估算为450×2%＝9（万亿元）。

参考香港地区的房产税率，也就是租金的5%，中国内地一年能收房产税：9×5%＝4500（亿元）。

这个数字相当于[①]：深圳市 2019 年财政收入的一半；财政部 2019 年科学技术支出的一半；中国工商银行 2019 年净利润的 150%。

---

① 《2019 年深圳辖区公共财政收入突破 9400 亿元》，载于《深圳特区报》，2020 年 1 月。

◇

四、年轻人刚进入资管行业应该选投研还是销售

资产管理行业有 3 条业务线：投研、销售、运营。前两个又被称为"前台"或"业务部门"，后一个又被称为"后台"或"职能部门"。投研和销售是用来产生收入的，运营是支持前台的。前台高难度、高潜力；后台低难度，低潜力。对于新人而言，很难确定自己能承受多大压力，所以笔者建议先去前台，如果受不了再去后台，如果对自己事业上有期待，千万不要从后台开始，后台转前台门槛极高。前台的两个业务：投研和销售，都是必学的，因为这两个技能相辅相成，就像是银行和保险一样，拼到一起不是 10+10 而是 10×10。至于先学哪一个，取决于：能有多少本金？投研的一切目的都是提高资本回报率，资本回报率笔者认为有 3 条线：

（1）10% 为及格线。如果说学习了投研，连 10% 的资本回报率都做不到，那么就不要做资管了，连及格线都达不到，做资管还想赚钱，唯一的出路就是骗客户。如果不愿意当骗子，可以去做后台或者转行。

（2）15% 为基本线。绝大部分学好了投研的人，基本都能做到这个回报率。

（3）20%为优秀线。这是绝大部分行业翘楚能够达到的天花板，例如巴菲特长期资本回报率就是20%。

（4）30%为天才线。没有任何一个著名的基金经理人员能够达到长期30%的资本回报率，巴菲特年轻的时候达到过这个回报率，但是随着本金的增大，资本回报率也不可避免地下降了。

举个具体的例子：

　　小明面临选择销售还是投研，小明父母买着银行理财1000万元，年化收益3%，小明学会了投研，年化收益13%，就相当于小明的投研增加了家庭收入100万元。

其实销售投研的原理，不仅适用于资管行业，也适用于其他行业，资源越多，越可以把时间、精力、资源使用在研究上，期望获得未来更高的收益。企业的护城河也是如此，因为有护城河，所以更能够把资源投资在护城河内，导致护城河更深，更深的护城河，带来了更多的利润，企业中的马太效应就出现了，越大越强，越强越大。

最后，一开始就投资的年轻人，99.99%是亏损的，但是这种亏损非常宝贵，会带来痛苦，痛苦又会激励年轻人专注地学习投研。有资源的父母，可以考虑给孩子本金，让孩子开始（亏损）的越早越好，巴菲特11岁买的人生的第一只股票。

◇

五、油价会围绕着美国的开采成本上下波动

——2020 年 3 月 13 日

先讲一个现象：我们偶尔在新闻上会看到美团、饿了么掐架，但是却从来没有看到过美团、饿了么和点外卖的人掐架。这是因为美团、饿了么是商家，点外卖的人是顾客，商家和商家是竞争关系，商家和顾客是互惠关系。

俄罗斯和沙特阿拉伯，从本国开采石油，国际上高价卖出，赚取丰厚的利润。然后美国出现了，美国也从本国开采石油，国际上高价卖出，抢了俄罗斯和沙特阿拉伯的市场份额，但是美国有个弱点：国内开采石油价格远高于俄罗斯和沙特阿拉伯，于是俄罗斯和沙特阿拉伯开始增加国际石油供应，把石油价格压到美国石油公司生产成本线之下，理论上美国石油公司因为无利可图，会退出市场。

未来的三种可能性：

（1）俄罗斯和沙特阿拉伯的增产降价干掉一批美国石油公司，国际石油需求不变，美国石油公司退出之后，供给减少，石油价格又会提升，美国石油公司因为有钱赚又会出来。

（2）俄罗斯和沙特阿拉伯维持着供应量，把油价一直压在美国石油公司成本线以下，美国石油公司无法进入市场，俄罗斯和沙特

阿拉伯也少赚一些。

（3）俄罗斯和沙特阿拉伯邀请美国石油公司共同加入国际石油垄断，这个可能性很小，美国的体制与俄罗斯和沙特阿拉伯不一样，并且石油公司非常多，协调难度极大。

美国能够加入国际石油供给，是因为科技的进步，导致曾经开采不了的资源能够被开采，开采的成本越来越低。所以说，未来最可能出现的一种情形是：国际油价围绕着美国石油公司的开采成本波动。

商家和商家是竞争关系，商家和顾客是互惠关系。商家的竞争，对于顾客是好事，中国、欧洲、日本这些石油进口大国可以开心地享受更低的油价了，中国是全世界最大的石油进口国。

◇

六、港股大股东增持触发强制收购解析

根据香港证监会《公司收购、合并及股份回购守则》26.1 关于强制要约的部分，以下三种情况会触发强制收购。

（1）一致行动人突破 30% 的股份。

（2）一致行动人已经有 30%~50% 的股份，并且于最近 12 个月增持超过 2% 的股份。

（3）一致行动人已经持有超过 49% 的股份，增持 2% 的股份，持有超过 51% 的股份。

如果一致行动人已经持有超过 50% 的股份，那么可以自由增持，直到触发公众持股比例（一般为 25%），导致流动性不足，那么就必须停牌，把公众持股提高至一定比例（一般为 25%）。

举例：2015 年 5 月 28 日，持有恒大地产超过 50% 股份的许家印增持了恒大地产的股票，没有触发收购（见图 6-5）。

2016 年 10 月 25 日，文化地标（现名：中国唐商 00674）发出公告，大股东程杨出售其持有的 3.21 亿股份予房地产商人陈伟武，每股作价 0.33 港元，占已发行股本的 29.83%；同时二股东王茗出售其持有的 8800 万股予陈伟武先生，作价同样是 0.33 港元，占已发行股本8.16%。通过两次交易，陈伟武持有文化地标约 38% 股权，触发强制要约条件，要约价同样是 0.33 港元。[①]

說明注釋　友善列印

股份代號：　03333
上市法團名稱：　恒大地產集團有限公司
日期(日/月/年)：　14/03/2014 - 14/03/2018

如欲觀看披露權益通知之內容，請於「有關事件的日期」欄按下有關連結。
＊註解：（L）-好倉，（S）-淡倉，（P）-可供借出的股份

表格序號	股東名稱	作出披露的原因	買入／賣出或涉及的股份數目	每股的平均價	持有權益的股份數目（請參閱上述＊註解）	佔已發行股本之百分比（%）	有關事件的日期（日／月／年）
CS20160128000403	Even Honour Holdings Limited	104(L)	791,248,238(L)		791,248,238(L)	5.79(L)	26/01/2016
CS20160128000402	Xin Xin (BVI) Limited	104(L)	9,370,871,497(L)		9,370,871,497(L)	68.54(L)	26/01/2016
CS20160128000404	Yaohua Limited	104(L)	791,248,238(L)		791,248,238(L)	5.79(L)	26/01/2016
IS20160128000401	丁玉梅	108(L)	791,248,238(L)		791,248,238(L)	5.79(L)	26/01/2016
DA20160128000405	許家印	136(L)	10,162,119,735(L)		10,162,119,735(L)	74.33(L)	26/01/2016
CS20151210000070	Xin Xin (BVI) Limited	104(L)	9,370,871,497(L)		9,370,871,497(L)	67.07(L)	27/11/2015
DA20151210000071	許家印	136(L)	10,162,119,735(L)		10,162,119,735(L)	72.73(L)	27/11/2015
CS20150818000097	Xin Xin (BVI) Limited	117(L)	9,370,871,497(L)		9,370,871,497(L)	64.58(L)	12/08/2015
DA20150818000100	許家印	136(L)	10,162,119,735(L)		10,162,119,735(L)	70.03(L)	12/08/2015
CS20150603000082	Xin Xin (BVI) Limited	103(L)	820,000,000(L)	HKD 5.670	9,370,871,497(L)	60.00(L)	28/05/2015
CS20150603000081	Xin Xin (BVI) Limited	103(L)	820,000,000(L)	HKD 5.670	8,550,871,497(L)	57.78(L)	28/05/2015
DA20150603000084	許家印	121(L)	820,000,000(L)	HKD 5.670	10,162,119,735(L)	65.06(L)	28/05/2015
DA20150603000083	許家印	123(L)	820,000,000(L)	HKD 5.670	9,342,119,735(L)	63.12(L)	28/05/2015

頁 <1>
顯示第 1 - 13 個紀錄　　共有 13 個紀錄
返回頁頂

图6–5　许家印增持恒大地产

资料来源：港交所官网。

由于陈伟武于交易完成后，持股超过 30%，但是没有超过 50%，因此此时发出的是有条件现金要约。在有条件要约结束后（结束时间一般是发出要约函件的 21 天后，最长不超过 60 天），会出现两种情况：

第一，如果小股东接纳要约的股份数目加上陈先生协议受让的 38% 股权后，超过 50%。那么有条件要约就会变成无条件要约，陈先生用 0.33 港元收购所有接纳要约的小股东的股票。

第二，如果小股东接纳要约的股份数目加上陈先生协议受让的 38% 股权后，没有超过 50%，假设有 10% 的小股东接纳要约，即连要约部分共有 48%，那么这个要约就不会变成无条件现金要约，现

① 《2016 年 10 月 25 日文化地标公告》，港交所，2016 年 10 月。

金要约就会失效。而接纳要约的 10% 股份也不会成交，小股东自己继续持有。

　　2017 年 1 月 9 日，接纳要约的股份增加至 12.28%，数量是 1.32 亿股，加上协议转让的 38%，超过 50%，要约成为无条件，大股东被迫以 0.33 港元收购所有接纳要约的股票。[①]

---

① 《2017 年 1 月 9 日文化地标公告》，港交所，2017 年 1 月。

◇

七、虚拟货币没有货币属性

这篇文章不会去预测比特币等虚拟货币的价格走势。

很久很久以前，社会上还没有货币。张三蒸了 10 个馒头，同时张三想吃羊腿；李四烤了 2 只羊腿，同时李四想吃白菜；王五煮了 6 棵白菜，同时王五想吃馒头。张三不想和李四交换，李四不想和王五交换，张三不想和王五交换。为了解决这个问题，大家从海边找了个贝壳，认定 1 个贝壳值 5 个馒头、1 只羊腿、3 棵白菜。张三把 5 个馒头给王五，换了 1 个贝壳，王五吃到馒头，满足了；张三把这个贝壳给李四，换了 1 只羊腿，张三满足了；李四把这个贝壳给王五，换了 3 棵白菜，李四满足了。所有人都完成了交易，都满足了，大家觉得这个方式挺好，于是货币就诞生了。

货币本质上一种欠条（契约负债），一种全社会都认可的欠条，大家互相转移着这张欠条，这张欠条本身是毫无价值的，但是社会可以赋予这张欠条价值，所以任何物品只要满足三个条件，都可以成为货币：交易媒介、记账单位、价值储存。

刚才的例子中，所有人都同意使用自己的物品来交易这个贝壳（交易媒介），所有人都认可 1 个贝壳等于 5 个馒头，等于 1 只羊腿，等于3棵白菜（记账单位），所有拥有贝壳的人都可以留着这个贝壳，某一天拿出来，换馒头、羊腿、白菜（价值储存）。

我们逐个分析虚拟货币是否满足这些条件：

交易媒介：我们现在通行的货币，例如美元，本质上是一种社会契约，美国政府就是保证所有人都遵守这种社会契约的力量。如果买家A在美国国土上购买一个标价为10美元的商品，但是卖家B却拒绝接受美元，那么B就违背了法律（共同契约），美国政府就有权利对B采取法律行动。虚拟货币不具备政府的支持，如果卖家不肯接受虚拟货币，交易就无法进行，缺乏政府支持的虚拟货币，无法作为交易媒介。

计价单位：任何同意接受虚拟货币为支付方式的人，并不是认可虚拟货币，而是认可虚拟货币背后对应的真实货币。一个重要的体现就是：比特币值多少商品，是不停改变的。举个例子，1辆汽车值5万美元。昨天1个比特币值5万美元，那么1个比特币就能买1辆车；今天1个比特币值2.5万美元，那么2个比特币才能买1辆车。这说明大家认可的计价单位是美元（真实货币），而不是比特币，所以比特币不是计价单位。

价值储存：虽然现代货币的价值储存功能很差，但是并不是完全没有价值储存的功能。在现代的二级银行制度之下，中央银行提供基础货币，这些基础货币还是有对应的资产的，打开美联储的资产负债表，我们会看到最大的一项就是美国的国债，此外还有黄金等资产，这些真实资产都为美元提供着实体资产支持，虚拟货币则毫无实体资产支持，不具备价值储存的功能。

成为货币需要满足的三个条件：交易媒介、计价单位、价值储存，虚拟货币一个都不满足，所以虚拟货币没有货币属性。

◇

八、期货介绍

　　期货行业属于衍生品行业的一种，衍生品行业是一种相对于现货而存在的行业，衍生品行业的存在基础是现货行业。比如说我们大家所熟知的股票，就属于现货的一种，相对应的衍生品就是股指期货。期货行业虽然是基于现货行业而来的，但是和一般的现货行业相比而言还是有很多的不同。第一，期货行业是一个零和游戏，也就是说任何人在这个行业里赚钱的数量一定和别人赔钱的数量相等，反过来说，一个人赔钱的数量也一定和别人赚钱的数量相等。第二，在现货行业里，人们只能够用钱买入自己没有的现货或者是卖出自己已经拥有的现货，这个我们称之为单向交易。在期货行业里，人们却可以进行双向交易，也就是说在没有现货的情况下也可以卖出这个现货，我们称之为做空。第三，相比现货市场上通常的全款支付，期货市场采用保证金交易的方式进行交易。不论是对于一个现货的做多与做空，交易的双方只要付一定比例的保证金就可以成交，也就是说现货市场是自带杠杆模式交易的。目前一些大宗商品的保证金比例大概在 5%~10%，对应的杠杆比例就在 10~20 倍，曾经我国期货市场最活跃的交易品种沪深 300 股指期货的保证金比例是 10%，但是在目前的非常规状态中是 40%。第四，现货市场中计算盈亏的时间一般在最终交易结束之后。而期货市场的盈利与亏损全部是当日结算。比如说，如果我看空铜并且成交了空单，而且今日铜的价格下跌了，那么在今日结算的时候我的期货保证金账户中就会多出一定的现金。每一个期货品种都会有一个价格变化和价值变化的比例。比如说，沪深 300 股指期货的每点价值变化为 300元人民币，也就是说如果一个交易者持有一手沪深 300 的股指期货，那么每次沪深 300 股指期货的价格变动 1 点，这名交易者就会盈利或者亏损 300 元人民币。

期货市场的交易方式也非常简单，对于一个可交易品种，都会在未来的某个时间有一个相对应的价格。期货交易者只要对于这个价格决定看空或者看多就可以，如果看空则开出空单，如果看多则开出多单。然后期货交易所会自动撮合两边的交易者，交易成功后双方就按照成交的价格和目前的价格之间的差值来计算盈亏。我们在这里还是用曾经最活跃的交易品种沪深 300 来举例，比如说，目前市场 2016 年 3 月的沪深 300 股指期货的点数为 3400 点，并且双方交易者一边看空一边看多成交一手于 3400 点，随着时间的推移，2016 年 3 月的沪深 300 股指期货点数变成了 3300 点，那么交易所就会从当初看多的人的保证金账户中拿走 300 乘以 100 也就是 3 万元，并且把这 3 万元放到当初看空的人的保证金账户中。通俗来讲，期货交易有点类似于赌场里面赌大小，一个交易者进去了会看到各种现货在未来不同时段的价格，然后他可以参与进去赌某一个价格向上走还是向下走。赌赢了就赚钱，赌输了就亏钱。

　　既然期货市场是一个完全用赌博方式交易的零和游戏市场，那么期货市场存在的意义是什么？期货市场创造的价值在哪里体现？举一个例子来解释期货市场存在的价值。以铜为代表的大宗商品的生产是一个充满风险的行业，因为前期固定投资大，投资周期也很长，并且未来的价格难以预测，这个时候如果铜的生产者可以在期货市场上看到未来的价格，就可以用这个价格来辅助自己进行生产决策，如果看到未来的价格过高，就可以直接在期货市场上开出空单，等同于按照未来的价格提前把生产出来的铜卖掉了。那么未来的价格波动就无法对这个生产者产生影响。这也就是期货市场存在的核心意义：发现价格、对冲风险。

　　期货市场的交易者一般可以划分为两种人：对冲者和投机者。对冲者顾名思义，就是为了对冲风险而进入期货市场，一般对冲者都是为了对冲现货的价格变动风险而进行交易的，比如说，在刚才的例子中，铜的生产商为了对冲铜的价格变动而进行交易。投机者则和对冲者截然相反，完全是为了从期货合约价格波动中获利而进行交易，乍一听很像是赌场中的赌徒，拿着钱去赌大小。但事实上投机者的存在对于期货市场而言是至关重要的；对于一个二级市场而言，价格的剧烈波动并不会造成致命的打击，但是流动性的枯竭却会造成致命性打击。而投机者的存在能够增加期货市场的流动性，保证二级市场能够正常运行。

　　人类现代经济的发展中一个重要的环节就是专业化分工，专业化分工可以让我们每个人专注于自己擅长的事情。期货市场的存在就是一个专业化分工的典型例子，这里分工出的就是风险的管理。对冲者将风险转嫁给别人，从而可以专心的从事自己擅长的现货，所以又叫作风险厌恶者。投机者则专心的承担并且管理风险，所以又叫作风险偏好者。

我国目前有四个交易所，其中三个商品期货交易所，一个金融期货交易所。三个商品期货交易所为：上海期货交易所、郑州商品交易所、大连商品交易所，包括以铜为代表的有色金属、黄金为代表的贵金属、螺纹钢为代表的黑色产业链、小麦棉花为代表的农产品等。一个金融期货交易所为坐落在上海的金融期货交易所，代表产品有沪深300股指期货、上证50股指期货、中证500股指期货、5年期国债期货和10年期国债期货。

◇

九、全天候策略报告

◆ 这篇报告旨在介绍、模拟和回测全天候策略。

◆ 全天候策略由雷·达里奥及其投资团队设计。达里奥是桥水资本的创始人，桥水资本是世界上最大的私募之一，目前管理总资产 1500 亿美元（1.17 万亿港元，2016 年）。

◆ 全天候策略的特点在于建立一个包含各类资产的投资组合，将四种有可能出现的意外宏观经济现象（高通货膨胀、低通货膨胀、高增长、低增长）全部考虑在内，被动调整投资组合的成分，让投资组合在面对四种宏观经济现象的时候都能够控制住回撤。该投资组合的最大特点在于低回撤、收益稳定，适合风险厌恶低、流动性需求高的投资者。

◆ 我们利用目前已知的信息来模拟建立一个全天候投资组合然后回测这个组合的表现。

◆ 回测结果：从 2011 年 1 月 1 日开始，到 2017 年 5 月 31 日结束，每三个月调一次仓，每次都把持仓调成固定的比例，获得分红马上再次投入。

◆ 回测期间，总收益率 68.08%，年化收益率 8.43%，最大
　　回撤 5.44%，年最大回撤 1.16%，月胜率 70.13%，最大
　　回撤持续时间 7 个月，回撤出现到完全恢复 13 个月。[①]

（一）全天候策略的起源与原理

达里奥认为，二级市场的价格变化来源于市场参与者的预期
与现实的差别。达里奥称此为"意外冲击"，例如 1971 年尼克松
宣布美元与黄金脱钩之后，第二天道琼斯指数上涨了 4%。在这
个例子中，尼克松的宣告就属于超出预期的现实，导致了市场的
变动。

达里奥及其团队在 1996 年开始试图回答一个问题：能不能建立
一个投资组合，能够在任何宏观经济的意外冲击下，依旧表现良好？
达里奥的团队按照这个思路，建立了全天候策略。

全天候策略假设各种大类资产，在不同的宏观经济冲击下，会
有不同的表现，例如，尼克松宣告，将美元与黄金进行了脱钩，导
致美国因为黄金储备不足而债务违约的风险被释放了，所以权益类
资产被市场重估（道琼斯指数上升）。

基于这个假设，全天候策略通过配置不同类型的大类资产，将
各种"意外冲击"对投资组合的打击降到最小，控制最大回撤。

---

① 《2016 年 10 月 25 日文化地标公告》，港交所，2016 年 10 月。

全天候策略是一个纯被动策略，是达里奥认为在完全不做任何对未来预测的情况下能够做出的最好的组合。

达里奥认为，一个投资组合的回报是由三部分组成的：

RETURN= CASH + BETA + ALPHA

在这个公式中，CASH 代表无风险收益；BETA 代表承担了风险的收益，投资组合承担的风险越大，收益越高；ALPHA 代表超额收益，收益与风险的不对称，同时也是一个零和游戏。桥水全天候策略主要关注的是 BETA。

不同的大类资产会产生不同的长期回报，并且这些回报与该资产的风险是有明显的相关性的：一种大类资产的长期回报率越高，短期的波动性就更大（见图 6-6）。

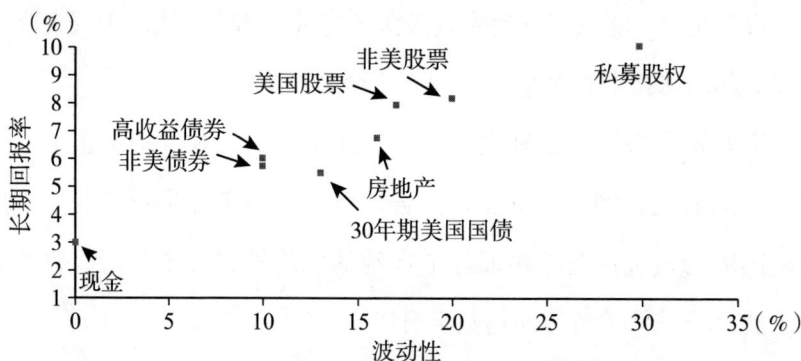

图6-6　各种大类资产的预期收益和波动

资料来源：Bridgewater Associates，Engineering Targered Returns and Risks，August 2011.

权益类资产（股票）能够提供最高的长期回报，但同时股票有着最高的短期波动。为了获得更高的回报，股票是全天候策略中必不可少的一部分，但同时，为了平衡股票的波动性，投资组合中应该加入大量的长期债券，因为长期债券与股票在历史上有着明显的负相关性，能够平衡股票带来的波动性，同时长期债券也是能产生正收益的资产。

达里奥及其团队通过分析历史数据发现，股票和长期债券在面对恶性通货膨胀的时候，表现不尽如人意，反而黄金和大宗商品表现出很高的抗通货膨胀性。

在分析过德国20世纪20年代的高通货膨胀、美国大萧条时代、美国20世纪70年代的高通货膨胀后，达里奥及其团队认为，任何投资的收益都是来源于两部分：经济活动（经济增长）和定价（通货膨胀）。达里奥将所有能够对投资组合造成冲击的四种宏观经济情况以图的方式画了出来（见图6-7）。

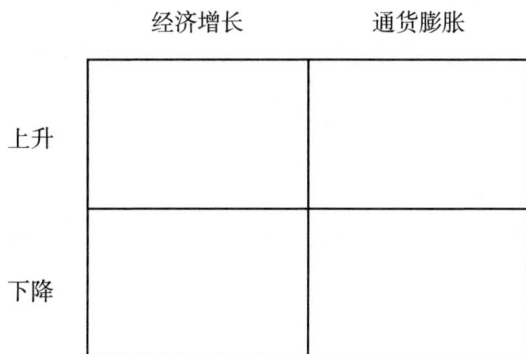

图6-7 四种宏观经济情况

达里奥及其团队希望能够创造出一种投资组合，让投资组合在面临以上四种宏观经济"意外冲击"的情况下，承担同样的风险。

（二）全天候策略的模拟与回测

桥水全天候策略因为是一个私募策略，所以并没有将具体的持仓进行公布。我们只能利用找到的各种资料来试图模拟全天候策略。

我们在模拟的策略中不使用杠杆（全天候策略使用了杠杆），使用 ETF 来模拟全天候策略。在桥水公司关于全天候策略介绍的录像中，桥水公司的联席首席投资官保罗普林斯（Bob Prince）透露了全天候策略的调仓频率，每三个月调一次仓。所以在我们的回测中，调仓频率也定为 3 个月一次，具体为 3 月、6 月、9 月、12 月的最后一个交易日。[①]

在构建我们自己的全天候策略时，首先需要思考的是权益类资产，也就是股票 ETF。杰里米·西格尔（Jeremy Siegel）在《股市长线法宝》（*Stocks For the Long Run*）中，通过大量的统计数据表明，在长期时间内，股票的收益是最高的，远远跑赢其他大类资产，所以股票应该是我们全天候策略的核心资产之一。

我们选择的权益类 ETF 是先锋集团的全美股票 ETF［Vanguard Total Stock Market ETF（Ticker：VTI）］，这只 ETF 追踪的是美国整体股票市场指数。

---

① Bob Prince，The story of how Bridgewater Associates created the All Weather investment strategy, the foundation of the 'Risk Parity' movement，Bridgewater Associates，August 2016.

权益类资产虽然能够提供最高的长期回报，但是同时有着极高的短期波动性，为了平衡这种短期波动性，我们需要寻找一种和权益类资产有着显著负相关性的大类资产。我们发现，在过去的15年间，长期美国债券和股票有着显著的负相关性。但是1980~2000年，这种相关性却是正的。

根据 Aon Hewitt 的 Duncan Lamont 的数据回测和解释，股票和债券价格在两种情况下会表现出明显的正相关性：（1）平均债券回报率超过6%。（2）通货膨胀率超过4%（平均债券回报率 = 真实平均债券回报率 + 通货膨胀。所以说高平均债券回报率和高通货膨胀经常同时出现）。

高债券回报会压低已发行债券的价格，同时高债券回报导致上市公司融资成本提高，压缩上市公司的利润，所以说高债券回报率会同时压低股票和债券的收益。

高通货膨胀会压低债券价格，因为债券是固定收益类资产。同时高通货膨胀也会压低股票的收益（这一点巴菲特曾经也撰文解释过），因为上市公司在高通货膨胀的环境下无法完全把因为通货膨胀而导致的额外成本加到消费者身上，从而导致上市公司利润减少；当高通货膨胀走向低通货膨胀时，上市公司倾向于把额外的收益留给自己，从而导致上市公司利润增加。

例如，美国在1972年中至1974年末内，债券回报率由3%迅速提升到了12%，股票和债券价格都相应地下跌。

虽然高债券回报率与高通货膨胀会导致股票与债券的相关性为

正（同时跌），但是这个现象反过来却不被数据支持，也就是说低通货膨胀或者低债券回报的环境下（债券回报低于 6%），债券的回报率涨跌是不会影响股票和债券价格的相关性的。

从数据上看，股票与债券的负相关性主要来自市场对于经济增长的认知偏差，当经济增长高于市场预期的时候，股票的表现更好，而债券的表现更差；反之，当经济增长低于市场预期的时候，股票表现更差，而债券表现更好。

在过去的 15 年中，美国的通货膨胀变化并没有太超出市场的预期，而经济的增长却反复出现超出市场预期的变化，所以我们看到了一个明显的股票债券的负相关性。

伊万·兰肯和穆罕默德·沙·易杜尔（Ewan Rankin & Muhummed Shah Idil）在《一个世纪的股债相关性》（*A Century of Stock-Bond Correlations*）中也将股票和债券价格之间的相关性区别归因于市场对于经济增长或者通货膨胀的不确定性判断：当市场对于经济增长更加不确定的时候（例如 21 世纪以来），股票和债券价格会表现出负相关性；当市场对于通货膨胀更加不确定的时候（例如 20 世纪七八十年代），股票和债券价格会表现出正相关性（见图 6-8）。

在我们目前所处的宏观经济环境中，经济增长的不确定性较高，通货膨胀的不确定性较低，所以股票与债券之间的负相关性会存在并且持续存在。所以我们第二个选入的大类资产是长期债券，对应的 ETF 是先锋集团的全美长期债券［Vanguard Long-Term Bond ETF（Ticker：BLV）］，这只 ETF 追踪的是美国久期超过 10 年的高等级债券。

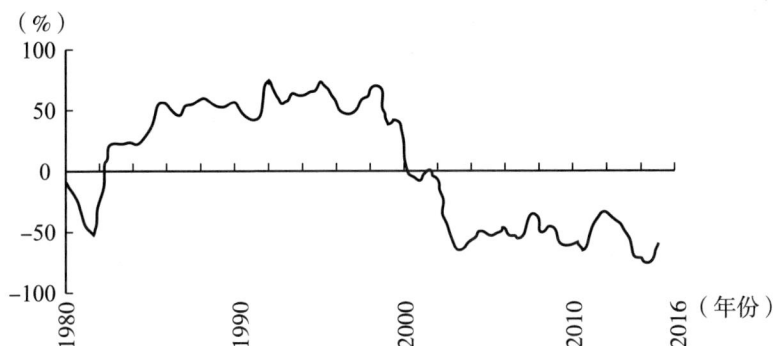

（%）

图6-8　美国长期债券和标普500指数的相关性

资料来源：Ewan Rankin Muhummed Shah Idil，*A Century of Stock-Bond Correlations*，Bulletin September 2014.

　　根据上述的研究可以知道，一个由股票和长期债券组成的组合，在面对超预期的高通货膨胀经济环境，会表现得非常糟糕，所以我们的组合中应该加入能够在超预期高通货膨胀经济环境中表现良好的大类资产。能够有效抵抗通货膨胀的两个大类资产分别是抗通货膨胀债券和大宗商品。我们可以通过桥水公司提供的不同种类资产在不同经济环境中的收益来选择。

　　从表6-3中可以看出，大宗商品属于比较鸡肋的资产，在低增长和低通货膨胀的经济环境下，几乎无收益或者负收益，在高增长经济环境下，大宗商品的收益不如股票；在高通货膨胀经济环境下，抗通货膨胀债券的收益远高于大宗商品。而且，其他三种大类资产都是能够产生实际收益的证券类资产，大宗商品不过是希望能够在未来以更高价格卖给别人的资产而已。

表 6-3　　　　　　　大类资产在各种经济环境下的回报

大类资产在各种经济环境下的回报		
经济环境	资产种类	平均回报（%）
经济增长	股权	13.9
	大宗商品	10.2
	抗通货膨胀债券	8.4
	债券	1.1
经济衰退	抗通货膨胀债券	9.4
	债券	8.8
	股权	5.8
	大宗商品	1.2
通货膨胀上升	抗通货膨胀债券	19.4
	大宗商品	11.5
	股权	5.9
	债券	3.9
通货膨胀下降	股权	12.9
	债券	7.1
	大宗商品	-0.9
	抗通货膨胀债券	-1.4
1926~2010 年		
Bridgewater Associate		

资料来源：Bob Prince，Risk Parity is About Balance，Bridgewater Associates 2011.

所以我们选择的第三种大类资产是抗通货膨胀债券，我们选择的 ETF 是美国通货膨胀保护国债［Schwab U.S.TIPS（Ticker：SCHP）］。

我们按照桥水公司给出的不同大类资产在不同"意外冲击"情况下的表现，去掉大宗商品，将其他三种资产按照产生的预期收益方式进行重新计算，最终得出三个 ETF 的权重比例：VTI，43.5%；SCHP，33.5%；BLV，23%（见图 6-9）。

配置比例

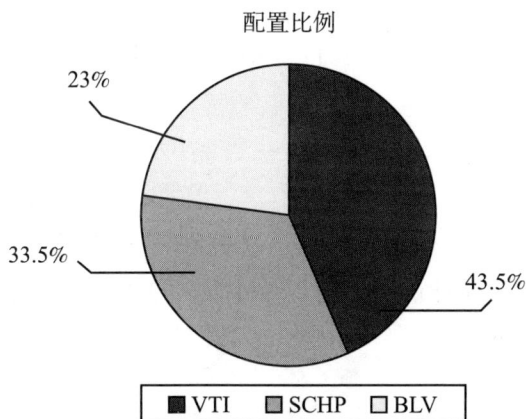

图6-9　三个ETF权重比例

我们的回测时间从 2011 年 1 月 1 日开始，每三个月调仓一次，假设持有标的物期间所得到的分红在调仓日全部再投资进去，回测截止日期为 2017 年 5 月 31 日。

回测期间，总收益率 68.08%，年化收益率 8.43%，最大回撤 5.44%，最大回撤持续 7 个月，回撤出现到完全恢复 13 个月。

年度最高收益 11.4%，年度最大亏损 -1.16%，7 年中（包含 2017 年），只有 2015 年一年产生亏损。

以月为单位计算，在 77 个月中有 54 个月产生了正收益，胜率 70.13%。

（三）结论

目前我们模拟的全天候策略还有一些劣势：

（1）回测时间较短。

因为抗通货膨胀债券 ETF 这种比较先进的金融工具出现时间较晚，所以我们的回测从 2011 年开始，而这一段时间整体美国股市表现较好。

（2）地域和国家的限制。

因为我们所有的 ETF 都是针对美国一个国家的，同时所有的 ETF 也全部是美元计价的，所以这个策略无法抵御美国的衰落而带来的风险。